丛书主编·李伟

国务院发展研究中心
研究丛书2012

大变局
中国和平发展的国际经贸环境
与总体战略

GREAT CHANGE:
THE INTERNATIONAL TRADE ENVIRONMENT
AND STRATEGY ABOUT CHINA PEACEFUL DEVELOPMENT

国务院发展研究中心课题组　著

中国发展出版社
CHINA DEVELOPMENT PRESS

图书在版编目（CIP）数据

大变局——中国和平发展的国际经贸环境与总体战略/国务院
发展研究中心课题组著 . —北京：中国发展出版社，2012. 8
　ISBN 978-7-80234-836-3

　Ⅰ. ①大… 　Ⅱ. ①国… 　Ⅲ. 国际贸易—经济环境—研究—中国
②国际贸易—贸易战略—研究—中国 　Ⅳ. F752

中国版本图书馆 CIP 数据核字（2012）第 204532 号

书　　　　名：大变局——中国和平发展的国际经贸环境与总体战略
著作责任者：国务院发展研究中心课题组
出 版 发 行：中国发展出版社
　　　　　　　（北京市西城区百万庄大街 16 号 8 层　100037）
标 准 书 号：ISBN 978-7-80234-836-3
经 销 者：各地新华书店
印 刷 者：北京科信印刷有限公司
开　　　　本：700mm×1000mm　1/16
印　　　　张：10. 25
字　　　　数：122 千字
版　　　　次：2012 年 9 月第 1 版
印　　　　次：2012 年 9 月第 1 次印刷
定　　　　价：30. 00 元

联 系 电 话：(010) 68990630　68990692
网　　　　址：http：//www. develpress. com. cn
电 子 邮 件：bianjibu16@ vip. sohu. com

"我国和平发展的国际经贸环境与总体战略"
课题组

负责人　卢中原

协调人　隆国强

成　员　胡江云　张丽平　方　晋

　　　　吕　刚　许宏强　何建成

总　序

在保持经济平稳运行中谋求
转变发展方式的新进展

　　当前，中国经济正处于一个关键的历史时期。从国内来看，我们面临如何实现经济发展方式转变、成功跨越中等收入阶段、确保中国现代化进程持续向前推进的重大任务。从世界范围来看，全球经济进入大调整大变革阶段。金融危机持续发酵，发达经济体经济复苏一波三折；新一轮产业革命、技术革命迅猛推进，战略性新兴产业发展方兴未艾。这不仅对我国当前经济的平稳健康发展产生重大影响，也对我们创新比较优势、提高产业国际竞争力提出了严峻挑战。在这个紧要关口，确保我国经济社会平稳健康发展，加快实现经济发展方式的转变，显得尤为重要，也更加紧迫。

　　根据国内外复杂多变的严峻形势，中央提出把"稳中求进"作为 2012 年工作总基调，强调要在保持经济发展和社会大局稳定的前提下，取得转变经济发展方式新进展。从前三个季度经济运行的实际情况来看，中央这一决策是完全正确的。

我们不仅保持了宏观经济的基本稳定，在结构调整方面也取得了一些积极的进展，当然，这些成效还只是初步的。

展望今后一个时期，国际金融危机深层影响可能还会进一步显现，世界经济复苏的不确定不稳定性将更加显著，国际市场持续低迷，对我国出口的不利影响可能会长期存在。与此同时，国内刺激消费、扩大内需一时难以取得明显成效，经济发展中不平衡、不协调、不可持续的内在矛盾和问题也将更加凸显，经济增长依然会面临较大的下行压力。

在这种情况下，通过宏观政策的适时调整，保持经济平稳运行仍是今后一个时期我们面临的一项重大课题。当然，必须清醒地看到，要保持经济长期平稳健康发展，还必须在转变经济发展方式上取得新进展。特别值得注意的是，要着力处理好稳增长和调结构、转方式的关系。一方面，要在稳定经济增长的同时努力为调结构创造必要的、宽松的条件，尽可能多地采取那些既有利于扩大需求，又有利于优化结构、改善供给的政策，确保经济增速处在与增长阶段转换相适应的合理区间，防止过度的需求扩张对结构调整可能带来的不利影响，防范和化解经济下行中可能出现的各种风险。另一方面，要积极推动体制改革和制度创新，破除资源优化配置障碍，激发市场活力，为经济长期平稳健康发展奠定基础。

在保持经济平稳运行中实现转变经济发展方式新进展，有许多理论和政策问题需要作深入系统的研究。国务院发展研究中心作为国务院直属的政策研究和咨询机构，牢牢把握为中央决策服务的根本方向，立足国情，跟踪世情，发挥优势，积极推进建设"一流智库"，努力为中央决策提供高水平、高质量的政策建议和咨询服务。近年来，经过中心研究人员的不断努力，形成了一批水平较高、政策价值和社会影响力较大的研究报告。这些研究报告注重把握经济发展大局，关注前沿学术动态，既有涉及我国中长期经济发展的战略思考，也有涉及特定具体领域的专题研究，包括经济体制改革、产业结构调整、对外贸易、城镇化、社会管理、房地产调控、"三农"问题、财政金融风险等。

"国务院发展研究中心研究丛书"出版至今，已是第三个年头，受到了社会各界的广泛关注，尤其是体现全局性、战略性、长期性、前瞻性的研究成果，更是对有关部门、地方政府、相关企业、研究机构和社会各界产生了较大影响。例如，《"十二五"发展十二题》成为地方政府制订发展规划的重要依据。《中国城镇化：前景、战略与政策》《中国产业振兴与转型升级》《农民工市民化：制度创新与顶层政策设计》等著作，也成为有关部门和地方政府决策的重要参考，产生了良好的社会效益。这些研究成果的出版，对国务院发展研究中心打造一流智库，集束传播优秀学术成果，产生了积极的推动作用。

今年的"国务院发展研究中心研究丛书"共12本，包括《大变局——中国和平发展的国际经贸环境与总体战略》《民生为本——中国基本公共服务改善路径》等，这些著作主要是2011年国务院发展研究中心完成的重大课题研究报告，也有部分优秀招标课题研究报告，体现了国务院发展研究中心为党中央、国务院决策服务，开展政策咨询研究的最新成果。

我们真诚地希望各级领导同志和广大读者对这套"国务院发展研究中心研究丛书"提出宝贵意见和建议，使之真正成为社会各界了解中国改革开放、经济发展的"权威窗口"！也希望社会各界积极支持我们的政策咨询研究工作，共同为推动我国经济发展方式的实质性转变，保持我国经济长期平稳健康发展献计献策，作出新的贡献！

国务院发展研究中心主任 李伟

2012 年 9 月

目　录
Contents

中国和平发展的国际经贸环境
与对外开放新战略

过去30年，我国准确把握经济全球化带来的机遇，制订了正确的对外开放战略，通过参与国际分工，充分发挥了我国的比较优势，成为经济全球化进程中少有的几个成功的发展中国家之一。未来10年是我国和平发展的关键时期，一方面，我国的比较优势正在发生深刻变化，另一方面，经济全球化正处于大调整大变革之中，这就要求我们必须准确判断外部经贸环境的变动趋势，调整我国的对外开放战略，确保在未来参与全球分工中实现趋利避害。

一、国际经贸环境变化的主要趋势

我们正处于一个复杂多变的世界之中。和平、发展、合作仍然是国际主流，经济全球化、政治多极化趋势不断深化。与此同时，全球金融危机与新技术革命推动全球经济大调整大变革，可持续发展理念快速发酵，战略性新兴产业蓄势待发，发达经济体增长低迷，新兴经济体地位持续上升，国家间竞争与合作将呈现新热点，全球治理面临改革，经济结构与经济格局正在发生深刻变化。

第一，全球经济增长速度放缓，世界经济增长格局发生变化。全球金融市场持续动荡，不断引爆发达经济体长期积累的结构性矛盾，持续冲击其经济复苏进程。发达国家结构调整与改革成本高难度大，需要较长时间才能走出危机，其经济增长将长期低迷，并拖累全球经济进入一个低速增长时期。产能过剩问题将更加突出，市场竞争更加激烈，这将推动跨境投资特别是向更低成本国度的产业转移保持较大规模。如果发达经济体继续采取增发货币的办法刺激经济复苏，可能导致全球经济出现滞胀局面。新兴经济体特别是东亚、南亚地区经济将保持较快增长，在全球经济、贸易、投资增量中的比重明显提高，成为世界经济新的火车头，对全球政治经济格局将产生重大影响。在流动性过剩与新兴国家需求持续扩张的作用下，初级产品价格保持高位，对资源能源的争夺将更加激烈。

第二，新技术革命方兴未艾，新兴产业蓄势待发。气候变化问题推动绿色发展成为一种新的主流理念。在绿色发展理念和发达国家再制造业化战略的双重推动下，以新能源、生物技术为代表的新一轮技术革命正在孕育之中。发达国家技术实力明显占优，将引领新一轮产业革命，部分新兴经济体如果能够抓住新技术扩散加快的机遇，充分发挥产业化能力强的优势，有望在新一轮产业革命中实现"跟跑"甚至弯道超车。

第三，区域一体化异军突起，经济全球化处于调整之中。保护主义将有所增加，发达经济体更加强调公平贸易，多边贸易投资自由化进程步履维艰。区域经济一体化快速推进，美国强力介入"泛太平洋伙伴关系"（TPP）并致力于将其打造成一个高质量的区域贸易组织，不仅直接影响亚太地区区域合作格局，而且将引发区域一体化规则的重大变化，规则从贸易、投资等传统领域扩展到劳工、环境等新领域，对成员国国内体制提出新的要求。以欧盟推进财政统一为代表，区域一体化程度不断深化，未来可能形成几大区域集团，区域间竞争将加剧。

第四，全球治理面临改革调整。经济全球化加深了各国的相互依赖，信息化加快了各种问题的国际扩散，气候变化等新的全球性问题层出不穷，对全球协调管理的需求越来越大，国际格局发生变化，需要建立新的全球治理机构与机制，提供新的全球公共产品。全球金融危机对改革国际金融货币体系提出迫切要求，货币体系大幅动荡，国际资本流动日益复杂，国际金融监管与合作更显重要。全球力量对比发生变化，20国集团取代7国集团成为新的全球经济治理平台。区域性治理机构与全球治理机构相互合作，相互补充。

二、未来对外开放面临的新机遇与新挑战

历史证明，重大的危机往往是国际格局大洗牌的契机。全球金融危机爆发后，国际经济环境变化的新趋势，既给我国带来了前所未有的新机遇，也带来新的挑战，对我国参与经济全球化提出了新要求。

1. 我国对外开放面临的机遇

第一，引进高端生产要素与产业，进口先进技术和设备，加速产业升级。金融危机爆发后，全球产能过剩的矛盾更加尖锐，市场竞争更加激烈，推动跨国公司向低成本国度加快转移产业活动。我国经济发展的前景更加富有吸引力，更多的国家与企业希望搭上我国经济的快车。我国国内巨大的市场，成为最富吸引力的因素。与此同时，虽然传统的劳

动力低成本优势逐渐削弱，但我国每年有约700万高等学校毕业生，人力资源的优势正在形成；我国多年来形成的产业集群与产业配套能力、良好的基础设施、强大的产业化能力，构成我国的新优势。在未来10年中，我国可能是世界上唯一一个同时拥有低综合成本优势和快速扩张国内大市场的国度，对包括高级人才在内的高端生产要素和高端产业活动更具吸引力。据国务院发展研究中心外经部在金融危机后对近500家跨国公司的问卷调查，计划对我国转移高端制造、研发活动、区域总部等高附加值产业活动的跨国公司，占有很高的比重。

从进口角度看，美国等发达国家为促进出口而放松出口技术管制，有利于我国引进更加先进的技术与设备。而且，由于发达国家经济低迷，我国进口先进技术与设备的成本也有望降低。

全球新一轮技术革命的突破与新兴产业的蓄势待发，使我国有望充分发挥产业化能力强的优势，在新兴产业的全球竞争中取得一席之地。

第二，整合全球资源，促进结构升级。我国企业可以发挥资金充裕的优势，通过并购、参股等方式与境外企业开展合作，利用甚至掌控外部资源、技术、研发能力、品牌和销售渠道，与国内低成本制造优势相结合，大大提升我国企业的国际竞争力。我国企业将从以往以利用外部市场为主，转变为利用外部市场与外部要素并重的新阶段，我国企业的国际化程度将大大提高，为培育一大批具有强大国际竞争力的本土跨国公司奠定坚实基础。

第三，出口结构升级的机遇。国内比较优势正在发生深刻变化，对出口结构升级提出了迫切要求。我国的出口结构将发生一些重要变化。一是目前大量出口的低附加价值消费品将在质量、档次和品牌上加快升级，发达市场消费者在经济低迷时将更加青睐优质低价商品，这种结构性调整有利于我国出口消费品结构升级，并进一步提升在发达市场的份额。二是新兴经济体工业化、城市化快速推进，对投资品需求保持快速增长，为我国技术适中价格低廉的投资品，如数控机床、电力设备、电信设备、交通运输设备等提供重要的市场机会。三是发展中国家新建基础设施与部分发达国家在再制造业化进程中改善基础设施，将为我国企业通过工程承包并带动成套设备出口提供机遇。四是服务外包将带动我国商业流程、咨询服务、计算机服务等高附加价值服务活动的出口，为国内大中专毕业生创造更多就业机会，推动服务贸易出口结构升级①。

第四，提升在全球治理中地位的机遇。金融危机后，全球治理机构与规则正在发生重大调整，正值中国经济实力迅速壮大，为中国从以往的规则接受者变为新制订规则的参与者提供了历史性机遇。发达国家受金融危机冲击，自顾不暇，围堵中国心有余而力不足，相反需要借助中国来应对各种挑战。中国作为新的引领世界经济增长的引擎之一，在越来越多的国际经济组织中的地位得到明显提升。全球金融治理的调整与货币体系的演变，为人民币区域化提供了重要机遇。区域一体化迅猛推进的国际化浪潮，有利于我国加快推进与周边国家和重点国家的区域贸易安排。

2. 我国对外开放面临的挑战

第一，产业升级的压力与障碍将明显增加。越南、印尼、孟加拉国等一批新兴经济体正沿着出口导向的发展路径快速挤入国际市场，劳动密集型产品的国际竞争将更加激烈。我国比较优势正在发生深刻变化，随着我国劳工成本、土地成本、融资成本、原材料成本快速上升和人民

---

① 据有关资料，2011 年，我国承接国际（离岸）服务外包合同执行金额 238.3 亿美元，同比增长 65.0%，比上年提高 22 个百分点。其中，承接来自美国、欧盟、日本和中国香港等国家（地区）的离岸外包合同执行金额达 164.3 亿美元，占我国离岸外包合同执行总额的 68.9%。我国承接服务外包占全球的 23.2%，比上年提高 6.3 个百分点。

币汇率升值，传统的劳动密集型产业与产品正面临其他发展中国家日益严峻的挑战，迫切要求我国企业在全球生产价值链上实现升级。但能否实现价值链升级不仅受制于我国企业的技术与研发能力、管理水平、人力资源和体制机制等国内因素，而且面临发达经济体更加激烈的竞争。随着我国企业在全球分工的价值链上不断升级，我国与发达经济体的关系将从目前以互补性为主变为以竞争性为主，在发达国家经济低迷、推行再工业化战略、贸易保护主义抬头、发达经济体普遍对华存在巨额贸易逆差等多种因素作用下，我国高附加价值产品与服务的出口，必将受到来自发达国家更激烈的竞争和人为打压。近期美国对我国出口的太阳能、风能设备实行的"双反"调查，就是一个明证。

第二，外需增长放缓，外部经贸环境严峻。自1995年以来，我国一直是全球贸易摩擦的主要对象国。未来由于全球经济增长速度明显放缓，多边贸易自由化陷入停滞，贸易保护主义抬头，加之"中国威胁论"的鼓噪，我国的外贸环境将更加严峻。在发达国家普遍调整发展理念，更加重视制造业的形势下，我国出口结构升级可能引起发达国家的警惕和恐慌，并采取各种措施制造大量贸易摩擦。中国已经成为世界第二大经济体，而且GDP很可能在未来10年中超过美国，美国为了维持其世界第一的地位，很可能加大对华在各个领域的遏制。回顾历史，上世纪80年代美国对日本全力打压，充分说明美国为维护其世界霸主地位会不遗余力地打压追赶者。我国与大量发展中国家的双边贸易严重失衡且不断加剧，将对我国外部政治经济环境产生日益严重的不利影响。区域贸易一体化安排快速增长，特别是美国强力推动TPP，贸易投资自由化标准大幅提升，可能令我国在区域贸易安排中处于不利地位，面临被边缘化的风险。投资领域可能成为产生摩擦的新领域，我国对外投资快速增长，以国有企业为主体，主要投向资源、技术等敏感领域以及部分中资企业运作不规范等问题，引起东道国对中国企业海外投资的疑虑甚至反对。大幅增加的贸易投资摩擦不仅将威胁我国的外部经贸环境，而且将对我国经贸政策和体制，如汇率政策、知识产权、自主创新政策、服务开放等，产生巨大压力。

第三，承担国际责任的压力迅速上升。随着我国经济规模的快速扩大和国际地位的迅速上升，"中国机遇论"、"中国威胁论"与"中国责任论"相互交织，令我国外部环境变得异常复杂。发达国家国内问题成堆，相对实力下降，要求中国在国际事务中承担更多责任。发展中国家期待中国能够提供更多帮助，多方支持其加快发展。中国经济规模巨大与人均收入水平较低的矛盾，令国际国内在认识中国应承担的国际责任方面存在巨大反差，国际社会看到中国巨大的综合实力，而中方较多强调人均收入低和发展中国家身份，愿意承担的国际责任可能远远低于外部世界的预期。中国与国际社会的互动将处于调适时期。

第四，我国海外资产与资源能源安全面临威胁。国际金融市场的动荡将继续威胁我国海外金融性投资的安全，特别是直接影响巨额外汇储备投资的收益。跨境资本无序流动将增加我国资本项目开放的风险。部分国家与地区的政局不稳，将直接威胁我国海外投资和工程承包的安全，特别是在外人员、资产的安全。各国对资源能源争夺的加剧、全球流动性过剩、大规模投机活动、新兴经济体的强劲需求和资源密集地区的政局动荡，将令初级产品价格高位震荡，增加我国进口资源能源的成本，并使我国资源能源类海外投资面临更多猜忌与威胁。

三、对外开放的新战略

在复杂多变的国际环境下，我国未来发展面临着大量新机遇与新挑战,同时我国的比较优势将发生深刻变化,参与国际分工的能力与条件也将发生重大变化,因此,必须与时俱进地调整开放战略,才能在互利中实现结构升级,在共赢中实现大国崛起。

第一,坚定不移地实行互利共赢的对外开放战略,着力营造良好的外部经贸环境。随着中国经济规模的不断扩大,我国对外部环境的依赖程度将日益加深。需要特别指出的是,与经贸小国只能被动地接受外部环境不同,作为一个经贸大国,中国对外部环境有着日益增大的影响力,可能通过适当的举措创造有利的外部环境。秉持互利共赢的理念,承担与国力相适应的国际责任。维护多边自由贸易体系,努力推动多边贸易投资自由化进程。以周边国家为重点积极推进区域贸易安排。着力处理好与主要大国的政治经济关系。综合运用经贸、援助、外交、军事安全等多种力量,加大对外援助力度,采取对外投资、经济合作、技术援助、能力建设等多种措施,让发展中国家更好地分享"中国机遇",全面改善与广大发展中国家的关系。

第二,充分利用外部机遇,实现出口结构的升级。大力引进先进技术设备、人才和高端产业活动,充分发掘外商直接投资的技术溢出效应。切实推进服务领域体制改革,大力开放服务市场,抓住服务外包发展机遇,增强服务业出口竞争力。大力培育本土跨国公司,通过对外投资和海外并购,增强在全球配置资源的能力,主动整合全球技术、品牌和渠道,提升我国的全球分工地位。大力开拓新兴市场,推动资本技术密集产品的出口。

第三,着力提升软实力,增强参与全球治理的能力。总结中国发展经验,增强中国模式的吸引力。大力倡导自由贸易、平等互惠、公平公正、包容性发展理念。改进参与全球治理的决策机制、执行机制。大力培养国际化人才,改革用人机制,推动本国专业人士大规模进入国际组织工作。积极参与全球治理的改革，增强主动设置议题并提出建设性倡议的能力。以 G20 为主要平台，加强与主要国家宏观经济政策的协调。

第四，有序推进金融开放，防范金融风险。推进国内金融改革，培育国内金融市场，实现利率市场化，着力提升金融业国际竞争力。推进人民币汇率机制改革。实现人民币资本项目可兑换。加强东亚地区金融合作。大力推进上海国际金融中心建设。有序推进人民币区域化。加强国际金融改革与监管合作，共同维护国际金融市场的稳定。健全监管机制，增强监管理念，防范金融风险。

执笔：隆国强

第一章

全球经济增长的前景分析

三十多年的快速增长不仅大大增强了中国整体的经济实力，也使得中国成功地迈入了上中等收入国家的行列。回顾中国经济发展的历程，中国经济的长期高速增长不仅离不开内部不断改革所激发的动力，也离不开对外开放所带来全球市场的融入和全球产业转移的机遇。随着中国经济规模的不断扩大和与全球经济的深度融合，外部环境的变化和波动将密切影响着中国经济的走势。中国经济的发展离不开全球经济的发展，全球经济的发展同样也离不开中国经济的发展。在分析中国未来发展的前景时，深入分析全球经济增长的前景显得尤为重要。

一、中国的快速增长改变了全球经济增长的重心，入世加速了中国经济与全球经济的深度融合

1. 改革开放推动了中国经济的长期高速增长，全球经济增长的重心进一步"东移"，中国经济在全球经济中的影响力日趋增强

回顾过去三十多年中国经济的增长历程，不难发现改革开放对于中

国经济的长期、持续、高速增长起着至关重要的作用。经济改革打破计划经济的禁锢，释放了生产要素的活力，提高了要素在产业和空间上的配置效率。对外开放则为中国经济的发展提供了广阔的市场和要素空间，也加速了国内的改革步伐，更为重要的是使得中国成功地迎接了全球新一轮的产业转移的战略机遇期。全球的产业大体经历过五次转移，世界制造业中心也相应发生过几次大的变动。19 世纪晚期从欧洲转移到美国；二战以后转移到日本；20 世纪 70 年代晚期到 80 年代转移到"亚洲四小龙"；20 世纪 90 年代后，特别是在中国加入 WTO 之后，国际资本和产业很明显地向中国转移，这促成了中国制造业的不断壮大和崛起，也是中国保持长期高速增长的重要保障。

正是在改革开放等一系列因素的共同作用，促使了中国经济的持续高速增长，不仅创造了亚洲经济史上又一个长期高速增长的奇迹，也创造了世界经济史上的奇迹[①]。1978 年到 2010 年中国实际 GDP 年均增长速度高达 9.9%。这一增速远高于同期发达国家和世界平均水平，同一时期世界平均增速仅为 3% 左右，而美国、日本以及欧元区整体的增长速度则不到 3%。长期的高速增长大幅度提升了中国的整体经济实力。GDP 总量由 1978 年 3645 亿元增长到 2010 年的近 40 万亿元，增长了 20 多倍；人均 GDP 也由 1978 年的 381 元增加到 2010 年的 3 万元左右。根据世界银行的人均 GNI 数据，1978 年我国人均 GNI 只有 190 美元，2010 年达到 4393 美元，也就意味中国已经由下中等收入国家成功步入上中等收入国家的行列。按照汇率法计算，中国的 GDP 总量由 1978 年的 1473 亿美元增加到 2010 年的 6 万亿美元左右。中国经济整体实力快速提升，中国在

---

① 在世界增长和发展委员会出版的《增长报告》中一开始就对战后持续的高速增长案例进行回顾，罗列了 13 个经济体，分别是博茨瓦纳、巴西、中国、中国香港、印度尼西亚、日本、韩国、马来西亚、马耳他、阿曼、新加坡、中国台湾和泰国。而在这 13 个持续的高增长经济体，目前为止中国持续的年均增长速度最高。

全球经济中的比重越来越大，与世界其他主要经济体的差距在缩小，甚至是赶超它们。按照汇率法计算，中国 GDP 占全球的比重由 1978 年的 1.8% 上升到 2009 年的 8.6%，如果按照购买力平价计算，中国 GDP 占全球的比重则由 1980 年的 2.0% 上升到 2009 年的 12.6%。2005 年中国 GDP 总量超过法国，成为全球第五大经济体；2006 年超过英国，成为全球第四大经济体；2007 年超过德国，成为全球第三大经济体；2010 年中国经济规模超过日本，成为世界第二大经济体①和亚洲第一大经济体。

从全球视角来看，中国经济的快速增长一方面得益于全球产业的转移，另一方面也带来了全球经济重心的转移，中国经济在全球经济中影响日趋增强。根据 Danny Quah（2010）的研究，中国经济的持续崛起和东亚其他地区的发展，根据 GDP 测算的全球经济重心出现了较大幅度的东移，由 1980 年的大西洋沿岸中部转移到 2007 年的赫尔辛基和布加勒斯特以东的位置。

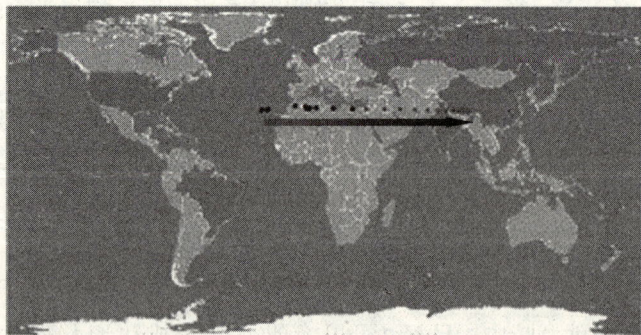

图 1.1　全球经济重心的转移图

注：黑点为实际值（1980~2007），灰点为预测值（2010~2049）。
资料来源：Danny Quah（2010）。

中国经济在全球经济中的影响不仅表现在导致全球经济重心的东移，

---

① 如果将欧盟作为一个整体，则是第三大经济体。

更为直接的是中国经济增长对世界经济增长贡献越来越大。按照汇率法计算，1978~2009 年期间，中国的经济增长对全球经济增长的贡献率达到 6.7%，同期美国、日本以及德国的贡献率分别是 31.5%、14.4% 和 4.8%，中国成为继美国和日本之后世界经济增长的第三大引擎；本世纪以来，全球经济增量的近 1/4 来自中国，中国对全球经济增长的贡献已超过美国，成为全球经济最大的火车头，特别是在金融危机爆发以后，中国经济对全球经济复苏的贡献更是有目共睹的。

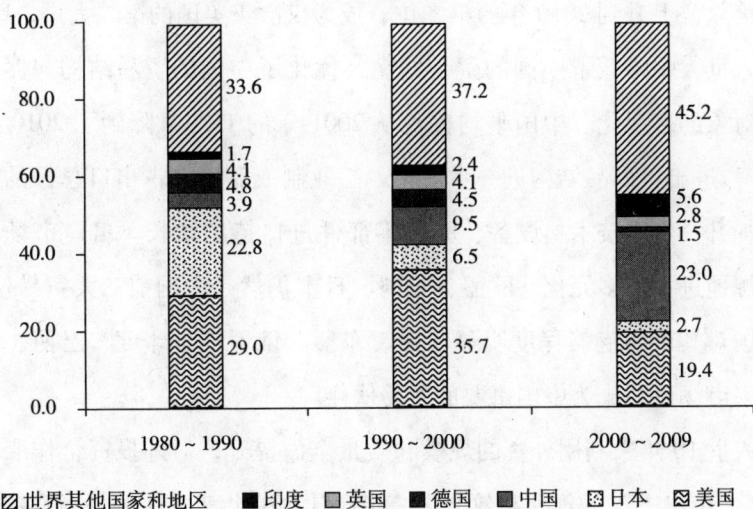

图 1.2　1980~2009 年世界主要国家对全球经济增长的贡献率（%）

注：贡献率根据世界银行的 2000 年不变价格美元计算的 GDP 测算。

数据来源：世界银行，WDI 2011，作者计算。

2. 入世使得中国经济与全球经济更加深度融合

对外开放在为中国经济快速增长提供市场和资源条件的同时，也使得中国经济不断融入全球经济的大环境当中，尤其是加入 WTO 更加速了中国经济与全球经济的深度融合。这不仅意味未来中国经济健康发展离不开全球稳定繁荣的经济大环境，同时全球经济增长也同样离不开中国经济的繁荣，这一点在 2008 年以来的金融危机之后表现得更为明显。

入世促使了中国的贸易规模迅速扩大，占全球贸易的比重快速提升。2010 年中国进出口总额达到 29728 亿美元，是 2001 年的 5.8 倍。中国相继超越英国、法国、日本和德国，成为仅次于美国的世界第二贸易大国。出口规模从 2001 年的世界第六位上升到 2010 年的世界第一位，占全球出口比重由 2001 年的 7.3% 提高到 2010 年的 9.6%。进口规模从 2001 年的世界第六位上升到 2010 年的第二位，成为仅次于美国的第二大进口国。

入世大幅降低了中国的贸易壁垒，优化了中国的贸易结构，促进了贸易对象的多元化。中国平均关税从 2001 年的 15.3% 降到了 2010 年的 9.8%。进出口商品结构进一步优化。工业制成品出口占出口总额的比重不断提升，先进技术、设备、关键零部件进口持续增长。出口市场和进口来源地进一步多元化。欧盟、美国、日本仍然是中国前三大贸易伙伴，但中国对其市场依赖程度明显下降。东盟、俄罗斯、印度、巴西、南非等新兴市场逐渐成为中国重要的贸易伙伴。

入世 10 年来利用外资的规模和质量全面提升，对外投资合作取得新发展，"走出去"的规模和效益进一步提升。10 年来，中国外商直接投资全球排名由 2001 年的第六位上升至第二位，并连续 18 年位居发展中国家首位。同时中国利用外资产业结构也在不断优化，尤其近年来新能源、新材料、生物医药、节能环保以及现代农业、商贸服务和民生服务领域的外资明显增多。不仅如此，中国对外投资的领域也在不断拓宽，对外投资的层次和水平不断提升，呈现出市场多元化发展态势。

二、影响全球经济增长及其格局的因素分析

经济的全球化使得全球经济增长越来越复杂，影响全球经济增长及其格局的因素也越来越多。这里主要从经济周期、人口结构、全球化趋势、能源环境约束以及科技进步等方面对全球经济增长状况做一些基础性的分析。

1. 从经济增长的长周期来看，全球经济很有可能进入了一个长期波动和低速增长的时期

2000 年以来，全球经济增长开始步入上升通道，尤其是 2004~2007 年期间，全球经济年均增长速度高达到 3.9%，比近 30 年来的平均增长速度高近 1 个百分点左右，是近 30 年来增长较快且较为平稳的一段时期。但是 2008 年爆发的金融危机终结了全球经济增长的上升通道，从虚拟经济到实体经济，从发达国家到发展中国家，全球经济不仅增长大幅下滑，甚至在 2009 年出现了近几十年来的首次负增长，全球经济开始深陷金融危机的泥潭。

短期来看，金融危机之后的欧债危机正在加大金融危机复苏的难度。如果欧元区主权债务危机失控，全球将再次经历 2008/2009 年类似的危机，全球经济将出现二次探底，主要发达经济体将陷入大幅衰退，而新兴市场国家增长也大幅下降，全球的经济增长将可能大幅放缓。除此之外，中东北非冲突也在一定程度上给全球经济的复苏带来了不确定性。

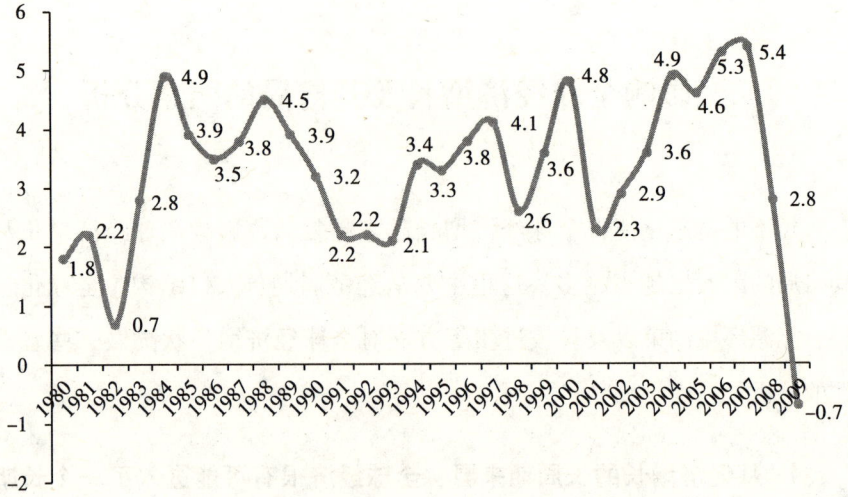

图1.3 全球经济增长速度（1980~2010）

资料来源：WDI（2011）。

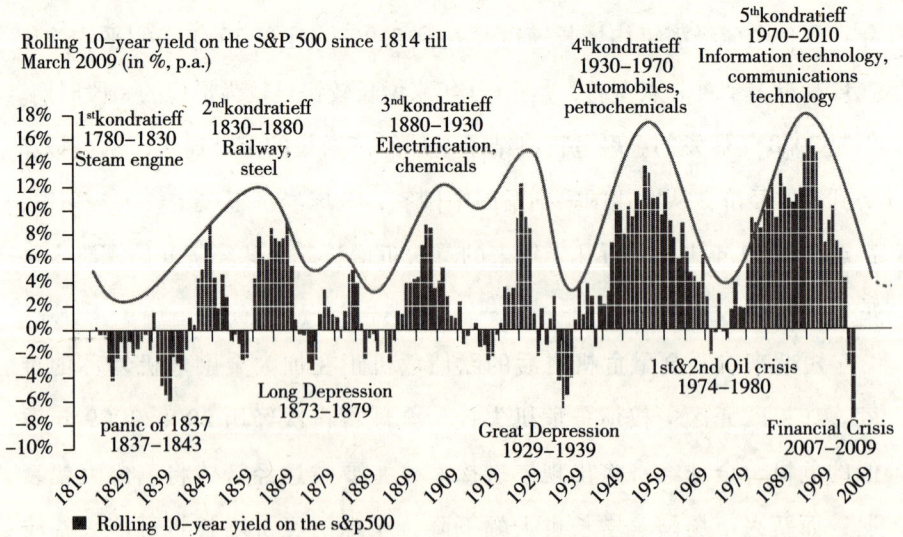

图1.4 全球经济的康德拉季耶夫周期

资料来源：转引自 Allianz Global Investors（2011）。

从长期来看，全球经济始终处于不断波动的周期性增长过程中①。如果将这次金融危机也看作是康德拉季耶夫周期的一个节点，那么过去 200 年左右的经济发展历史已经经历五个康德拉季耶夫长周期（参见图 1.4）。分别是以蒸汽机、铁路、电力、汽车以及信息技术革命为阶段性标志。20 世纪 80 年代中期开始的计算机应用和信息技术革命使得世界经济维持了多年的高速增长，全球经济年均增长速度达到 3.5%。从经济增长的长周期来看，全球经济可能正处在经济增长长周期中的衰退和调整阶段。从全球经济增长历史来看，每一次周期性的经济上升期都得益于新技术的推广和大规模应用，但是当新技术对生产力推动的潜力被充分发挥时，超额利润动机的丧失将使得世界经济出现危机与衰退。因而世界经济的全面复苏并重新进入长期增长的上升通道将依赖于信息技术之后的新一代革命性技术（可能是"绿色"技术、生物技术等）的扩散。

虽然此次金融危机导致全球经济重蹈 1929～1933 年大萧条的覆辙的可能性非常小，但是并不意味这次金融危机可以非常顺利地恢复，至少目前来看仍未出现明朗的前景。同时现实出现的一些因素决定了金融危机复苏难度非常之大，这些因素包括：第一，经济全球化程度提高的同时，全球经济波动的风险程度也随之提高。经济全球化在给人来带来利益的同时，也给全球经济带来了巨大的风险。一方面经济全球化使各国之间的依赖性增强，局部的经济危机更容易传导至其他区域乃至全球，从而使得爆发全球金融危机的可能性大大增强；另一方面延长了经济传导的路径，使得各国宏观调控外部性和道德风险加大，国际社会的协调

---

① 熊彼特提出在资本主义历史发展过程中同时存在着 3 种周期的主张：平均长度为 50～60 年的经济长周期或长波，被称"康德拉季耶夫周期"；平均长度为 9～10 年的经济中周期，被称"朱格拉周期"；平均长度为 40 个月的短周期或短波，被称"基钦周期"。根据促进经济长期增长的一般性技术的不同，熊彼特把资本主义经济发展分为 3 个长周期，一个长周期中有 6 个中周期，一个中周期包含 3 个短周期。

难度也较之以前更大,从而使得宏观调控的难度增大。第二,与以往的危机不同,此次危机波及的国家和地区范围大,因而恢复的难度也会更大。此次危机与拉丁美洲债务危机、苏联解体、东亚危机以及"9·11"不同,波及了美国和欧元区的主要国家,大多数的发达国家都深陷其中。第三,由于并不是一个统一的国家,欧元区的主权债务危机协调机制难以达成统一,危机消除的难度非常之大。欧元区内部缺乏统一的财政体系,存在很大的道德风险,加大了欧元区内债务危机相互救济的难度。第四,发展中经济体,尤其是中国自身经济存在结构性矛盾,未来可能面临经济下滑的风险,这将可能使全球经济复苏面临雪上加霜的风险。

总之,短期来看,全球经济复苏的前景不明朗,长期来看,全球经济很可能进入长期波动和低速增长的时期。

2. 全球人口总量继续增加,增速不断放缓,老龄人口比例明显上升,劳动力数量将不断减少

人是推动经济增长最重要的力量,因此人口总量和结构的变化将直接影响全球经济未来增长的速度和结构。从总体来看,未来 20 年全球人口总量继续增加,但人口增长的速度将不断趋缓,人口老龄化不断加剧,人口总抚养比将有所上升。根据联合国(UNPD,2010)预测,全球人口将由 2010 年的 70 亿增长至 2020 年的 78 亿和 2030 年的 85 亿。虽然全球人口总量仍将继续增长,但是人口增长的速度自上个世纪 80 年代以来一直在不断下降。根据联合国(UNPD,2010)预测,未来 20 年期间全球人口增长速度将由过去 30 年的近 1.5% 逐渐下滑到年均 1% 以下,2025~2030 年期间全球人口增长速度将下降到年均 0.78% 左右。在增速不断下降的同时,全球人口的年龄结构也在发生着巨大的变化。老龄人口的比重不断上升,人口抚养比将会出现转折性变化。根据联合国(UNPD,

2010）预测，全球老龄人口（65 岁以上）的比重将由 2010 年的 9% 左右
上升到 2020 年的 11% 和 2030 年的 13.8%。同时人口总抚养比也将由

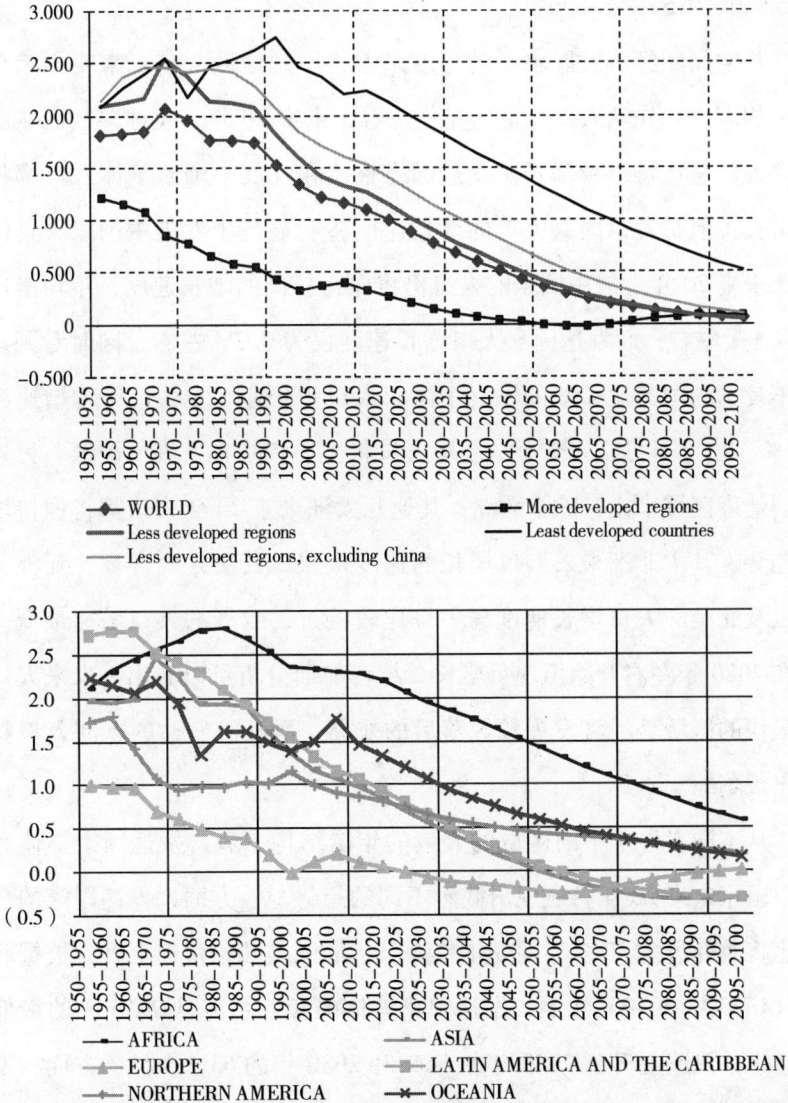

图 1.5　世界人口增长（年均增长率%）

资料来源：World Population Prospects：The 2010 Revision.

2010 年的 52.4% 下降到 2015 年的近 40 年来的最低点 51.6%，然后一改过去 40 年来的变化趋势开始逐步上升，到 2020 年和 2030 年将分别上升到 52.2% 和 53%。

从空间和经济发展水平的角度来看，不同地区人口未来变化趋势也不尽相同。首先从人口总量的变化来看，未来 20 年，全球多数区域和国家的人口总量将继续增长。发达国家整体和发展中国家整体人口都将继续增长，但是发达国家人口的增长速度将明显慢于发展中国家。具体来看，未来 20 年发展中国家的人口仍将保持较高的增长速度，年均增速将达到 1% 左右，而发达国家人口增长速度仅为 0.2% 左右。同时看到，特别不发达的国家比一般的发展中国家人口增长速度更快，年均增速超过 1.5%。由此可见，未来全球新增人口将主要集中在发展中国家。另外就不同地理区域来说，除了欧洲，其他几大洲未来 20 年人口都将保持增长的趋势。其中非洲未来人口增长的速度最快，其次是大洋洲，亚洲、拉美以及北美洲人口增长速度居中且比较接近，欧洲的人口增速最低，甚至在 2020 年左右开始出现负增长。结合前面分析可以看出，未来人口增长最快的区域是经济发展较为落后的非洲，而经济发达的欧洲人口将逐步出现萎缩。

从不同发展水平的区域的人口的年龄结构来看，发达国家整体和发展中国家未来 20 年将表现出截然不同的趋势。一方面，发达国家的总抚养比将改变过去 50 多年的变化趋势，从最低点开始快速上升。根据联合国（UNPD，2010）预测，发达国家整体的抚养比将从 2010 年的最低点 41.6%，快速上升到 2020 年的 56% 和 2030 年的 63%。另一方面，发展中国家将继续过去总抚养比不断下降的趋势。根据联合国（UNPD，2010）预测，发展中国家整体的抚养比将由 2010 年的 53.4% 下降到 2020 年的 51.6% 和 2030 年的 51.2%。由此从这个角度来看，未来 20 年发达国家相对发展中国家来说，将在人口老龄化和抚养比方面面临更加严峻的挑战。

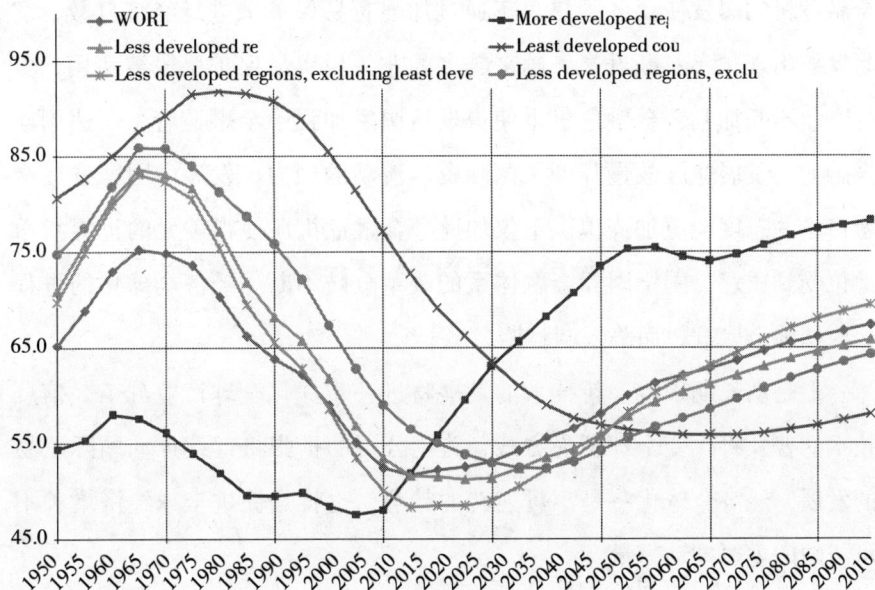

图 1.6　全球主要经济体的人口结构变化

资料来源：World Population Prospects：The 2010 Revision.

3. 金融危机加剧了贸易摩擦和竞争，经济全球化进程会陷入调整期，长期来看经济全球化仍然是长期趋势，但是围绕新兴产业的竞争将不断加剧

从全球经济发展的历史来看，全球化一直是全球经济发展的大趋势。科技革命的不断涌现大幅降低了全球不同区域之间贸易和信息往来的成本，使得贸易便利化程度大幅提高；跨国公司的发展为全球化的推进提供微观基础；国际经济协调组织的建立和壮大为经济全球化构筑了组织和法律框架，极大地推动了全球化的进程。全球化的过程扩大了全球国际分工的广度和深度，提高了资源要素的全球配置效率，促进了全球经济的增长。

金融危机的爆发在一定程度上对经济全球化发展产生了负面影响。金融危机的爆发使得各国热衷于通过加强贸易保护来进行经济自救，贸易摩擦出现频率不断升高，越来越多的非关税贸易保护手段被使用，贸易竞争不断加剧；金融危机也使得发达国家加强了金融监管，发达国家金融业的发展速度放慢降低了国际资本流动的动力，发展中国家开放金融市场的态度会更加谨慎。不仅如此，金融危机还使得美元的世界货币地位受到质疑，围绕国际金融体系的改革分歧不断。经济全球化的进程会因国际金融危机而陷入调整期。

但是从长期来看，新技术的发展将进一步深化全球产业分工，信息技术的普及将改变全球贸易方式，跨国公司的扩张将继续推动国际贸易的发展，经济全球化将是不可逆转的趋势，也将是促进全球经济增长不可或缺的重要推动力量。

4. 能源、资源分布的极端不平衡性将继续成为全球格局不稳定的重要因素；不断加重的全球气候变化问题将日益成为全球经济增长的重要约束

能源、资源是经济社会发展的基本要素，既是制约经济增长的重要因素之一，也是引起全球经济、政治不稳定的重要原因之一。尽管技术的进步使得经济活动对能源需求的依赖程度有所下降（见图1.7），但是全球能源、资源需求量始终是在不断增长，尤其是新兴经济体经济的快速增长带来能源需求的大幅增长。从未来发展趋势来看，技术的进步无疑将使得能源、资源的利用效率进一步提升，但是在能源和资源利用技术未出现重大根本性突破前，能源和资源的使用量将继续增长。

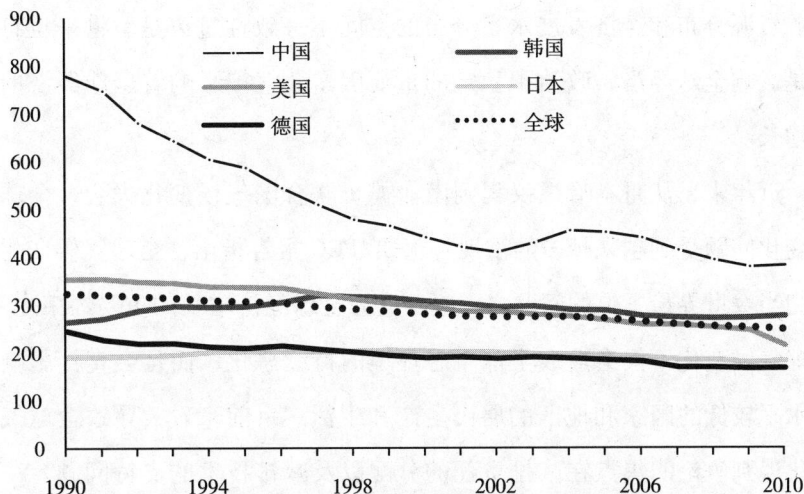

图 1.7　全球部分国家能源强度变化（1990～2010）

数据来源：WBCSD CSI database；单位：吨标煤/百万美元，GDP 为 2005 年 PPP。

根据国际能源署、美国能源署、BP 等机构预测，未来 20 年世界能源供给仍然可以满足需求的增长。美国能源信息署（EIA，2007）根据美国地质调查局（USGS）2000 年对世界石油资源预测的结果，认为未来 20 年世界石油供应充足，供需基本平衡。与石油资源相比，煤炭资源就更加丰富了。根据 BP 的研究①，截至 2006 年底，世界煤炭探明剩余可采储量 9091 亿吨，按目前生产水平，可供采 147 年。

尽管目前来看全球能源资源的供给还比较充足，但是由于能源资源的分布和经济发展水平的空间分布并不一致，在一定程度上加大了能源供给和需求之间的矛盾。例如，石油资源主要集中在中东和北非地区，石油输出国组织（OPEC）国家探明石油剩余可采储量占世界总量的 3/4 左右，而全球石油主要消费国集中在发达国家和一些新兴经济体。这种

① 《BP（British Petroleum，英国石油公司）世界能源统计回顾》是目前定期发布并相对完整的世界商品能源统计之一。BP Statistical Review of World Energy，various editions 1979－2007.

能源资源分布和经济发展水平分布的空间不一致性过去是、将来也将继续是影响全球经济、政治不稳定的重要因素，直接影响着全球经济的稳定增长。

近年来，从哥本哈根议程到南非德班联合国气候变化大会，全球气候变化问题受到越来越多的重视。正如 IPCC 报告指出，全球气候变化已成为当今世界最紧迫的问题之一，已成为全球经济增长的重要约束之一。全球气候变化不仅会造成全球生态环境的持续恶化，而且会直接影响海拔水平较低的国家和地区的居民生产和生活。目前来看，导致全球气候变化谈判争论的焦点在减排责任的分配以及减排技术的支持问题。一方面，发达国家不愿意承担历史排放责任；另一方面，减排的约束也直接约束着发展中国家的发展和崛起。随着时间推移，气候变化问题将日趋严重，日益成为约束全球经济增长，特别是发展中国家经济崛起的重要因素。虽然可以预期随着气候变化形势的日趋严峻，全球围绕气候变化达成统一协议的可能性越来越大，但是也将给全球技术革命、全球经济发展方式的转型（尤其是发展中国家）提出重要挑战。

5. 科技竞争对全球经济发展的格局的影响力将日趋增强，全球科技进步将朝多极化的方向发展，各国围绕新技术的竞争将日趋激烈

正如前面关于经济周期的分析中提到的，推动经济增长的核心力量还是技术革命和技术进步。回顾经济发展的历史，美国经济之所以能够引领全球经济发展的潮流，始终处于全球技术发展的前沿，经济较长时间保持增长势头，创新和技术进步起着决定性作用。创新与技术进步，将成为全球财富创造的最重要的动力源泉之一，成为决定国家和区域兴衰的第一要素。知识和技术的差距决定全球发展差距的格局。

从全球科技研发的经费的历史分布来看，过去二十多年中，科技研发活动主要还是集中在大多数的发达国家，如美国和日本占了 OECD 国家全部研发支出中的 60% 左右。但是从最近十年的数据来看，这种趋势开始出现了新的变化，一些新兴经济体的科技研发费用正在迅速上升，世界科技发展开始朝多极化方向发展。1995 ~ 2005 年间，中国、南非、俄罗斯等九个非 OECD 国家的年均研发费用增长率达到 15.5%，比 OECD 国家整体的增长率高了近 10 个百分点。同时美日两研发大国科技研发经费的比重也从 1995 年的 56% 下降到 2005 年的低于 50%。发展中国家要想摆脱知识差距和数字鸿沟，就必须注重科技创新和技术进步。

除了新兴经济体日趋注重科技创新和技术进步外，金融危机发生后，美、欧、日等国家更加重视新能源、生物技术、信息等新技术产业的发展，加大力度支持新兴产业的发展，为经济发展寻找新空间，创造新的就业机会。围绕新技术领域的全球竞争愈演愈烈，各国纷纷希望在新技术领域占据全球竞争的制高点，以实现经济更快复苏和增长，早日摆脱金融危机的阴影。应该说围绕新技术的竞争将是未来全球经济发展过程中一个重要特征。

除了以上分析的这些因素，还有许多其他的因素将直接影响未来全球经济的增长及其格局，比如全球金融市场和金融体系的发展、全球城市化的推进等等，在这里就不一一具体分析了。

三、未来 10 ~ 20 年全球经济增长及其格局的分析

未来 20 年经济、社会发展存在诸多的不确定性因素，很难准确地预测经济未来的增长状况。而且历史经验告诉我们，以往的经济预测也都不曾准确。即便如此，对未来的分析仍然非常有意义，这可以给政策制

定者提供一个梳理影响未来经济增长的因素的框架和潜在增长速度变化的趋势判断。这里采用世界银行开放的全球可计算一般均衡模型，结合前面对于影响全球经济增长的因素分析，给出未来 20 年全球经济增长的一个趋势结果。同时还收集了全球主要的研究预测结果，为以下的分析和决策者提供参照。

1. 全球经济短期恢复前景不明，全球经济进入一个长期波动和低速增长期将可能是大概率事件，中国经济维持长期持续增长将必须更多转向内需

短期来看，金融危机的阴霾仍然挥之不去。一方面，发达经济体的债务危机直接影响着全球金融体系，也限制了可以用于刺激经济复苏的财政和货币政策的空间。目前欧债危机已经从财政状况很差的希腊、葡萄牙和爱尔兰，蔓延至西班牙和意大利。欧债危机的解决要么依靠这些国家公共支出制度的大幅改革，要么需要经济的高速增长来提高政府的偿债能力，短期来看这两者都很难做到。社会福利和社会保障制度的改革阻力重重，不断出现的罢工就是典型的例子；同时不断紧缩的财政政策也有可能使得经济陷入进一步的停滞和衰退之中。不仅欧洲如此，美国也在上调其债务上限，使得其很难通过进一步扩张性的财政政策来刺激经济复苏。一旦发达经济的债务危机失控，全球经济将可能会出现大幅衰退。

另一方面，宽松货币政策导致了全球流动性泛滥，通胀不断加剧，新兴经济体被迫采取紧缩政策，经济面临减速趋势。2011 年以来，新兴经济体国内的通胀压力不断加大。金砖四国的通货膨胀率超过 6%，其中印度和俄罗斯的通胀率甚至高达 9% 以上。对此金砖四国纷纷采取上调基准利率和提高存款准备金率的紧缩政策。虽然这些紧缩政策对于控制通胀起到一定作用。但经济增长的速度纷纷回落，减缓全球经济复苏的动力。

　　总之，从短期来看，全球经济仍然深陷金融危机的泥潭之中。图1.8给出国际上一些主要的机构对全球经济的短期预测结果。从预测结果来看，绝大多数预测显示全球经济复苏的步伐进一步放缓，2012年全球经济增长速度将进一步下滑，2013年才逐步回归至正常水平。联合国经济和社会事务部（2011）在《World Economic Situation and Prospects 2012》给出了三种情景，其中基准情景和悲观情景中2012年全球经济增长速度都会低于2011年，悲观情景中2012年全球经济增速甚至下滑到0.5%。

- ■ EIU
- ■ Conference Board
- ■ Oxford Economics
- UN Link (Baseline)
- ■ UN Link (Optimistic)
- □ UN Link (Pessimistic)
- ■ IMF
- ■ World Bank

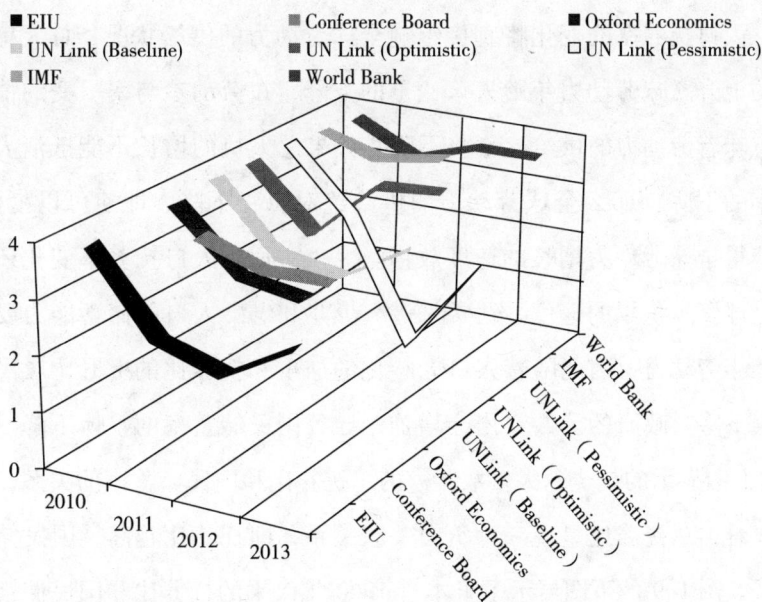

图1.8　主要机构对全球经济的短期预测（2010～2015）

资料来源：World Bank：《Global Economic Prospect（2011）》；IMF：World Economic Outlook（Sept. 2011）；UN：《World Economic Situation and Prospects 2012》；Oxford Economics：World Economic Prospects（2011）；Economist Intelligence Unit（EIU）：World economy：EIU forecast - Downgrading the euro zone and the US, October 20th 2011；Conference Board：The Conference Board Global Economic Outlook, November 2011.

　　中长期来看，虽然此次金融危机对全球经济增长带来巨大的冲击，会对全球经济增长带来深远的影响，在一定程度上会加快全球经济的再平衡过程，但是并不会改变未来 10～20 年全球经济增长的趋势，全球经济的长期增长趋势还是取决于供给面的影响。这里采用简单的增长核算的框架来分析未来 10～20 年全球经济增长的前景。

从人口及其年龄结构来看，未来 10～20 年全球人口将继续增长，但人口抚养率将一改过去 50 年来的变化趋势，由不断下降的趋势转折为不断上升的趋势。总人口抚养率由 2010 年的 52% 上升到 2030 年的 53%。人口抚养率的变化从长期来看将对全球经济增长带来重要影响，未来10～20 年人口对经济增长的贡献可能会下降。究其原因主要有两个方面，一方面，人口抚养率的变化将直接影响全球劳动力的供给状况，总人口抚养率的上升意味劳动力年龄人口比重的下降，在劳动参与率不变的情况下，意味着劳动力的供给比率将下降。如果总人口的增长不能抵消人口抚养率的下降，那么全球劳动力的供给绝对量将下降。即使可以抵消，也会使得全球劳动力增长的速度放慢。另一方面，人口抚养率变化还会影响全球资本积累的速度。通常来讲，少儿和老龄人口的储蓄能力要低于青壮年劳动力，因此随着人口老龄化的加重和抚养比的上升，居民储蓄率会下降，政府的公共支出会增加，导致国民储蓄率的整体下降。图1.9 中上图显示的是全球大多数国家的总抚养比和国民储蓄率的关系，从中可以看出总抚养比呈现一种负向关联关系，即抚养比越高，国民储蓄率越低。图 1.9 的下图展示了日本自 1960 年以来的抚养比和国民储蓄率的关系。整体来看，日本自 1960 年以来的抚养比变化呈现"双 U"型趋势，而储蓄率则大体呈现"双倒 U"的变化趋势。而且日本经济的高速增长时期正是人口总抚养比第一次大幅下降的时期，而这一时期日本的国民储蓄率也达到了近 50 年来的峰值，超过 40%。随后日本的国民储蓄率虽然配随着抚养比的再次下降出现了一个新高点，但整体上来看随着

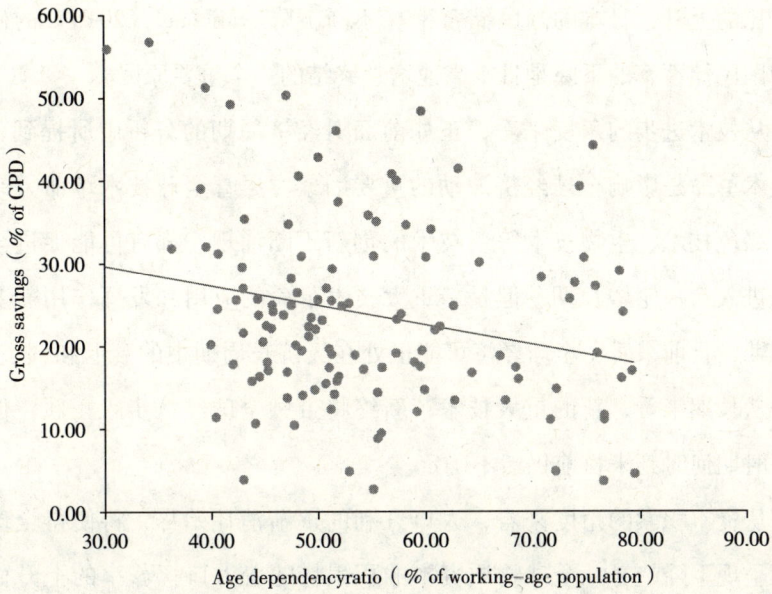

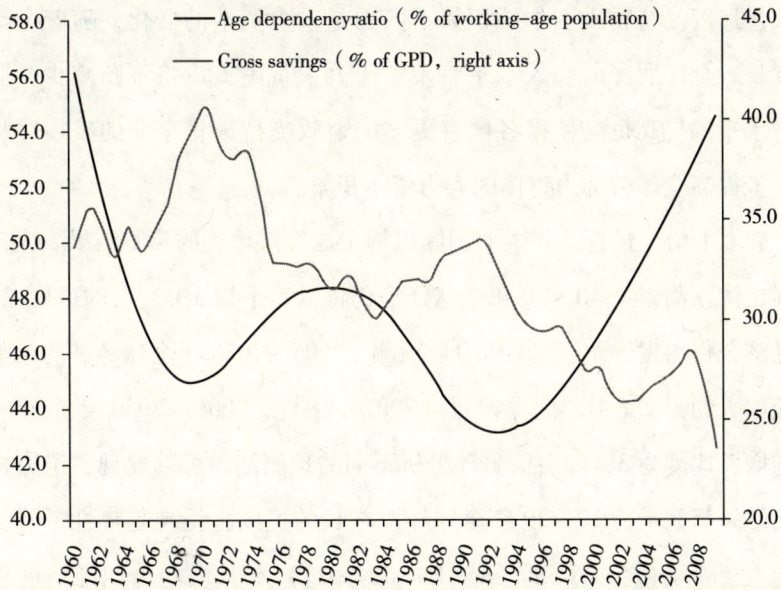

图 1.9　储蓄率和抚养比（左为 2005 年世界各国；右为日本 1960~2009 年）
数据来源：世界银行，WDI 数据库。

抚养比的上升，日本的国民储蓄率在不断下降。Michael（2010）的研究认为国民储蓄率的下降是日本高速增长终结的一个重要原因。

从技术进步的角度来看，正如前面对经济周期的分析中所提到，重大技术革命是影响全球经济波动的重要因素。尽管全球技术革命方兴未艾，绿色技术、生物技术等新技术的创新不断涌现，都有可能促进全球经济进入新一轮增长期。但是新重大技术革命的应用和发挥作用需要一个周期，目前来看，全球经济可能正处在经济长周期中的衰退和调整期，但是从长期来看，新的重大技术革新终将带领全球经济步入正轨，但是这一时期何时到来目前仍然不确定。

从资本积累的角度来看，人口红利的逐渐消耗殆尽，将使得全球储蓄率呈现下降趋势，全球物质资本的积累将随着人口抚养率的上升而逐渐放慢速度。与物质资本的积累不同的是人力资本的变化，随着全球经济增长，全球居民的收入水平将不断上升，贫困人口将不断减少，同时经济水平的提高也会使得各国有更多的财政支持教育事业的发展，从而进一步提高全球劳动力整体的人力资本积累。

表 1.1 给出最近几年主要国际机构全球经济增长的预测结果。大多数国际机构预测未来 10～20 年全球经济仍将以年平均 3% 左右的速度增长。如经济合作与发展组织（OECD）预测，2005～2030 年全球经济的年平均增长率大约为 2.8%；世界银行（2007）估计，2006～2030 年全球经济年均增长速度为 3% 左右。另外分析不同的预测结果可以发现，绝大多数预测结果都显示为 10～20 年全球经济增长的速度将呈现趋势性下降。如美国大企业联合会（Conference Board，2011）在其最新全球经济展望中预测 2012～2016 年全球经济年均增长速度为 3.5%，而 2017～2025 年全球经济年均增长速度仅为 2.7%。国际能源署（IEA，2011）最新的全球能源展望中给出的未来全球经济增长速度的预测也是如此，其报告指出，

2009～2015 年、2015～2020 年和 2020～2035 年全球经济增长的速度分别为 4.5%、3.9% 和 3.1%。综合前面的定性分析及模型的模拟结果，本研究分析认为未来 10～20 年全球经济增长的速度为 2.9%，但是整体呈现下降的趋势。

表1.1　　　　主要国际机构对全球经济增长的预测（%）

来源	时期	GDP 增长率
世界银行（2007）	2006～2030	3
OECD（2007）	2005～2030	2.80
麦肯锡全球研究院（MGI，2008）	2008～2020	3.20
IMF（2009）	2010～2015	4～5
EIU（2011）	2011～2016	2.75
Conference Board（2011）	2012～2016	2.2～4.8（3.5）
	2017～2025	2.2～3.6（2.7）
IMF（2011）	2010～2016	4.48
World Bank（2011）	2010～2025	3.33
EIA（2011）	2008～2020	3.63
	2020～2035	3.19
IEA（2011）	2009～2020	4.20
	2020～2035	3.12
本研究	2010～2030	2.9

资料来源：World Bank：《Global Economic Prospect（2007）》；OECD：《OECD 2030 年环境展望》；EIA：《International Energy Outlook（2011）》；IEA：《World Energy Outlook（2011）》；麦肯锡全球研究院（MGI）："Promoting energy efficiency in the developing world"，《麦肯锡季刊》，2009 年 4 月；IMF：《World Economic Outlook（2009）》；Economist Intelligence Unit（EIU）：World economy：EIU forecast - Downgrading the euro zone and the US, October 20th 2011；Conference Board：The Conference Board Global Economic Outlook, November 2011；IMF：World Economic Outlook（Sept. 2011）；World Bank：Global Development Horizons 2011。

2. 全球经济格局将继续过去 10 年的变化趋势，新兴经济体将不断崛起，发达国家在全球经济中的地位将有所下降，中国经济将面临发达国家和发展中国家双重竞争压力

回顾过去 50 多年的经济增长历程，可以发现发展中国家的经济增长速度一直高于发达国家，尤其是 2000 年以来非常明显，如 2000～2007 年发展中国家的年均增长速度达到 6.3%，而发达国家的增长速度仅为 2.3%，发展中国家的增长速度比发达国家高 4 个百分点。从全球经济的份额来看，尽管发展中国家的增长速度高于发达国家，但是由于发展中国家的初始份额很小，直到 1990 年发展中国家在全球经济中的份额一直在下降。90 年代以来发展中国家的增长速度与发达国家之间的差距进一步扩大，发展中国家在全球经济中的份额开始不断上升，尤其是本世纪以来，发展中国家的份额有 2000 年的 18% 上升到 2009 年的 28%，上升了 10 个百分点。发展中国家在全球经济的地位和对全球经济增长的贡献不断提升。

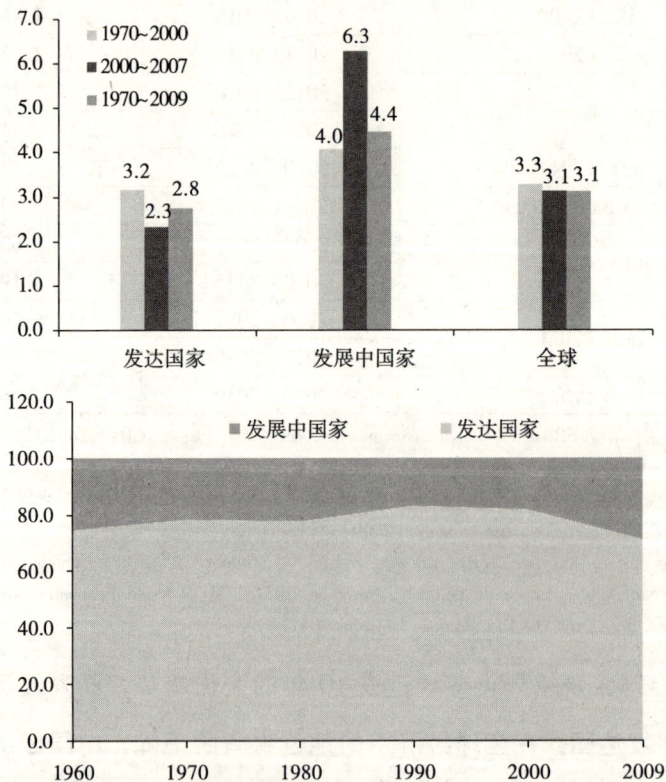

图 1.10　发达国家和发展中国家增长速度及其份额变化（1970~2009）
资料来源：World Bank：WDI 2011.

（1）未来 10~20 年发达经济体的增长速度将有所放缓，美、日、欧等经济体恢复以前高增长的可能性很小。从发达国家整体来看，人口结构将出现转折性变化，总抚养率将一改过去 50 年来不断下降的趋势，由 2010 年的 48% 快速上升到 2030 年的 63%，上升 15 个百分点，比发展中国家整体的抚养率水平高 12 个百分点左右。人口的老龄化将快速恶化，由 2010 年的 48% 上升到 2030 年的 63%%。从科技创新的角度来看，未来随着发展中国家的研发投入的快速增长以及跨国公司的发展，发达国家与发展中国家之间在科技竞争将更加激烈，而且未来的科技可能集中在一些新兴领域，如绿色发展，这些领域发达国家由于转换成本限制可能使得其相对于发展中国家中的优势不是太明显。另外随着发展中国家发展机会的不断涌现和基础条件的不断改善，原来大量优秀人才的迁移的趋势可能会出现不利于发达国家的变化。

表 1.2 主要国际机构对发达国家和发展中国家经济增长的预测（%）

来源	时期	发达国家	发展中国家
世界银行（2007）	2006～2030	3	4
OECD（2007）	2005～2030	2.20	4.60
Conference Board（2011）	2012–2016	1.90	4.90
	2017–2025	1.90	3.40
IMF（2011）	2010～2016	2.32	6.50
World Bank（2011）	2010～2025	2.35	0.00
EIA（2011）	2008～2020	1.98	5.39
	2020～2035	2.22	3.95
IEA（2011）	2009～2015	2.58	6.66
	2015～2020	2.18	5.48
	2020～2035	1.97	3.99
本研究	2010～2030	1.70	5.3

数据来源：同表1。

表 1.2 给出主要国际机构对发达国家未来 10～20 年经济增长速度的预测结果。根据 OECD（2008）估计，2005～2030 年期间，OECD 国家的年平均增长率为 2.2%。国际能源署（2011）预测，2009～2035 年期间，

发达国家年平均增长率为 2.2%。美国大企业联合会最新的全球经济展望
（2001）中基准情景预测显示，2012～2025 年发达国家的平均增长速度为
1.9%，其悲观情景甚至预测发达国家同期的增长速度仅为 1.2%。综合
前面分析的影响因素以及最新的一些国际机构的预测结果，本研究认为，
综合前面的定性分析及模型的模拟结果，本文分析认为，未来 10～20 年
发达国家整体的增长速度将低于 2%，大约在 1.7% 左右，要低于过去 50
多年的平均增长速度。

　　下面分别对欧盟、日本以及美国等主要发达国家或经济体未来的经
济前景予以描述。欧盟和日本经济的前景存在很大的共性。一方面，老
龄化和劳动力供给等问题将继续成为拖累欧盟和日本经济发展的最主要
的因素。欧盟和日本是全球人口老龄化最严重的区域之一，人口老龄化
不仅影响劳动力的供给，而且还会对政府公共支出提出更高的要求，这
将进一步加重其政府债务的负担，影响其资本积累的速度。虽然可以预
测这些国家可能会在工作年限、政府公共支出等领域进行改革，但是从
目前来看，这些改革未必能够从根本上解决这些问题。从科技创新的角
度来看，虽然欧盟和日本仍然可能是全球引领技术进步的国家之一，但
是仍然没有迹象表明这些国家未来可能在技术创新领域取得重大突破。
另外这些国家人力资本水平已经较高，可以提高的空间较小。因此整体
来看，未来 10～20 年欧盟和日本的经济增长速度将保持在一个较低的水
平，尤其是欧盟很难保持过去 30 多年的水平。

　　美国未来经济发展的前景，虽然与欧盟和日本稍有区别，但是也存
在一定相同之处。尽管未来 10～20 年也面临着人口老龄化的问题，但是
其人口老龄化的程度要低于日本；金融危机爆发和发展中国家发展机会
的涌现使得美国不太可能延续过去几十年那样吸引大量外来的高素质劳
动力；美国能否像过去十多年那样保持新技术革命的前沿位置仍然存在

很大不确定性。综合这些因素，可以预期未来 10～20 年美国经济很难维持过去 30 年平均 3% 的水平，维持一个相对较低的水平将是一个大概率事件。

（2）未来 10～20 年越来越多的发展中国家将成为全球经济主要推动力量，新兴经济体与发展中国家将继续保持较高的增长速度。与发达国家相比，新兴经济体和发展中国家维持经济长期增长的基本面要素要更加有利。首先，从供给面来看，未来 10～20 年，除了中国外，大多数发展中国家仍然存在人口红利，发展中国家（不包括中国）整体的总抚养率从 2010 年的 59% 下降到 2030 年的 53%，下降了 6 个百分点，开始趋近其总抚养率的最低点。其次，从技术进步的角度来看，发展中国家与发达国家之间存在很大差距，这也给发展中国的加速技术进步、实现经济的快速追赶提供了空间和条件；同时随着全球化进一步深入和信息技术的不断应用和发展，国际间技术扩散得更快、更广，这也为发展中国家的技术追赶提供了条件。再次，与发达国家相比，发展中国家的储蓄水平要更高，过去 20 年发展中国家的平均储蓄率要比发达国家高 6～7 个百分点，未来人口总抚养率的进一步下降，将为发展中国家的资本积累提供更为有力的支撑；不仅如此，随着发达国家经济增长速度的下降和发展中国家发展前景的看好，越来越多的国际资本会流入发展中国家，这样会给发展中国家的追赶提供资本支持。最后，虽然发展中国家经济实力的提高，将会有更多的资金可以用于改善基础设施和进行人力资本投入，这些都会促进经济长期增长。

从需求面来看，发展中国家普遍的城市化水平相对较低①，从最近的数据来看，中低收入国家的平均城市化水平仅为 45% 左右，而高收入国

---

① 对于发展中国家内部来看，城市化水平存在很大差异，比如拉丁美洲的许多国家城市化水平已经很高，但是其城市化质量很低，因而被学者称之为"过度城市化"的国家。

家的平均水平已经达到77%，从这个角度来看，发展中国家城市化水平还有很大的空间；不仅如此，发展中国家城市化的质量也普遍较低，未来也存在很大的提升空间。城市化提升过程就是不断创造需求的过程，会带来大量的基础设施、住房以及生产性投资需求。除了城市化水平较低外，发展中国家的工业化水平也较低，尚未完成工业化阶段，因而未来发展中国家的工业化发展仍然存在很大空间，全球化和国际产业分工带来全球产业转移也为发展中国家工业化进程提供了发展机会。

总之，无论是供给面还是需求面的分析，都显示发展中国家未来10~20年存在很好的发展机遇。从一些主要国际机构对发展中国家未来的经济预测来看，发展中国家未来20年经济增长速度要比发达国家快2~4个百分点。根据OECD（2007）估计，未来20年发展中国家的年平均增长率为4.6%；国际能源署（2011）预测，2009~2015年发展中国家年平均增长率为6.66%，2015~2020年为5.48%，2020~2030年为4%左右。美国大企业联合会给出的预测显示，未来15年发展中国家的经济增长速度将达到4%左右。综合前面分析的影响因素及模型的模拟结果，本文认为未来10~20年发展中国家将继续保持高增长的趋势，年均增长速度将达到5%左右，成为全球经济增长的最主要推动力量。

世界银行在最近发布的《Global Development Horizons 2011》中指出，未来全球经济将经历巨大转型，逐步展现多极化的特征。未来10年全球经济的增长将主要来自新兴经济体，到2025年，全球经济增长的一半将来自6个主要的新兴经济体（BRIICKs，巴西，中国，印度，印度尼西亚，韩国和俄罗斯）。下面就几个主要的新兴国家和发展中国家予以具体分析。

Simple polarity
index

1~999　1000~1499 1500~1819 1820~1869 1870~1912 1913~1949 1950~1979 1980~2008

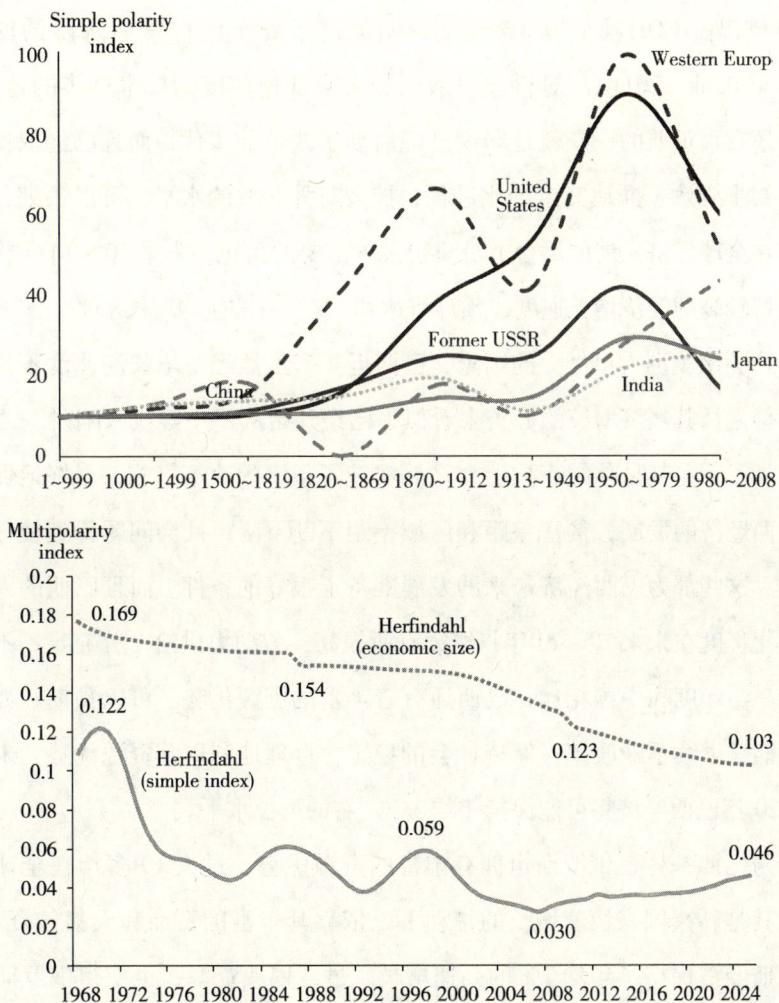

图 1.11　全球经济多极化趋势的演变

资料来源：转引自 World Bank：《Global Development Horizons 2011》。

作为全球人口仅次于中国的世界人口第二大国，印度过去 10 年保持了非常高的增长速度，GDP 年均增长率达到 7.2% 左右。未来 10~20 年，印度仍处在人口红利期内，人口结构非常有利于促进增长，人口总抚养率将从 2010 年的 55% 下降到 2030 年 47%。人口的年轻化将为印度经济增长提供充足的劳动力。自 2000 年起，印度已经开始大幅增加对研发的投入，其

R&D 支出占 GDP 达到 0.8% 左右，明显高于处于同样发展阶段的国家（World Bank，2011）。对科技投入的加大会加速印度的技术进步的速度。另外还有很重要的一点就是印度已经启动了改革的步伐，而且已经取得了一些初步成效，推动其市场化进程，扩大对外开放的水平。可以预期，印度将在全球经济发展的舞台上扮演越来越重要的角色，未来 10～20 年将继续保持较高的经济增长速度，预计将达到 7% 左右的年均增长水平。

作为南美洲人口最大的国家，巴西近年来虽然经济增长的速度不是很快，但是从其经济增长的势头来看似乎已经开始从"中等收入陷阱"之中走出来了。尤其是总统卢拉上台之后实施了很多的改革措施，很好地促进了巴西经济的发展，贫富差距和区域差距不断下降，社会问题得到较好地解决。这些都为巴西经济未来的发展准备了很好的条件。而且巴西的人口年轻化程度在未来 10～20 年将继续有所提高，劳动力供给十分充足；不仅如此，与印度和中国相比，巴西还有着丰富的资源优势。可以预期，如果巴西能够继续不断改革，保持社会的稳定，合理地利用其资源优势，未来 10～20 年巴西经济将可能保持年均 3% 左右的增长水平。

与巴西一样，俄罗斯也拥有丰富的资源优势，过去 10 多年在全球经济尤其是新兴国家快速增长的带动下，依靠其丰富的石油和天然气资源，俄罗斯经济保持了年均 7% 的高速增长。过度依赖资源，也使得俄罗斯经济对全球经济的依赖程度非常高，金融危机的爆发使得 2009 年俄罗斯经济衰退了 8% 左右。展望未来 10～20 年的俄罗斯经济发展的前景，应该说俄罗斯经济的发展存在很多的不确定性。人口的老龄化将开始对俄罗斯经济的发展产生不利影响。全球经济增长前景的不确定加之气候变化和环境保护的形势日益严峻，将给过度依赖资源的俄罗斯经济带来更多的考验。近年来，由于资源为基础的经济的良好发展势头放慢了俄罗斯经济改革的步伐，未来俄罗斯是否会加大经济市场化的步伐尚不明晰。

不过未来 10～20 年全球能源需求将继续增长，资源空间分布与经济增长的不匹配仍然可能推高能源的价格。加之俄罗斯本身的技术水平较高，劳动力素质也相对较高，可以预期未来 10～20 年俄罗斯经济仍然可能保持 5% 左右的中速增长趋势。

四、总结

通过前面的分析，可以看出全球经济短期恢复前景不明，全球经济极有可能进入了一个长期波动和低速增长期，这将使得过去依赖外需发展的中国经济面临更多的压力，维持中国经济的长期持续增长必须更多地转向内需；全球经济格局将继续过去 10 年的变化趋势，全球经济的多极化趋势将更加突出，新兴经济体将不断崛起，发达国家在全球经济中的地位将有所下降。多极化的全球经济，尽管使得中国在国际社会话语权有所增加，但也导致中国经济未来将面临来自发达国家和发展中国家的双重竞争压力，一方面随着中国经济的发展，产业的升级成为必然趋势和唯一的出路，而中国的经济增长和产业升级将遭遇发达国家的高端市场抵制的压力；另一方面，随着中国的发展和其他发展中国家基础条件的改善，其他的发展中国家在劳动密集型等产业方面的竞争优势将日趋凸显，这些国家的崛起给中国经济的发展带来争取低端市场的压力。"出口导向型"的中国经济未来将面临更多的外部挑战。正如《Global Development Horizons 2011》中所提到，中国未来 15 年要想实现较快增长，一方面需要加强自主创新，加快技术进步的速度；另一方面需要由过去依赖国外市场转向更多依赖国内市场。

本章执笔：何建武

第二章

和平发展外部环境——贸易

一、过去 30 年中国出口的高速增长
得益于有利的外部环境

经过 30 多年的发展，中国在全球贸易中的地位迅速提高。在 1978 年至 2010 年的 32 年间，中国的货物出口额和进口额的年均复合增长率分别达到 17.2% 和 16.3%，而同期全球货物出口额和进口额的年均复合增长率都只有 8%。2010 年，中国的货物出口和进口分别创出 15800 亿美元和 13900 亿美元的历史新高，占全球的比重分别达到 10.5% 和 9.1%，成为世界第一大出口国和第二大进口国。按进出口总额统计，中国占全球货物贸易的比重已从 1978 年的 0.8% 提高到 2010 年的 9.8%，成为仅次于美国的全球第二大货物贸易国。

与货物贸易相比，过去 30 年来中国的服务贸易增长毫不逊色。按WTO 统计，1980 ~ 2010 年期间，中国服务贸易出口额和进口额的年均复合增长率分别高达 16.3% 和 18%，同期全球服务贸易出口额和进口额的复合增长率分别只有 8.6% 和 8%。2010 年，中国服务贸易出口达到 1702

亿美元，进口达到 1922 亿美元，占全球的比重分别达到 4.6% 和 5.5%，成为世界服务贸易的第四大出口国和第三大进口国。按进出口总额统计，中国占全球服务贸易的比重已从 1982 年的 0.6% 提高到 2010 年的 5.1%，成为仅次于美国、德国和英国的全球第四大服务贸易国。

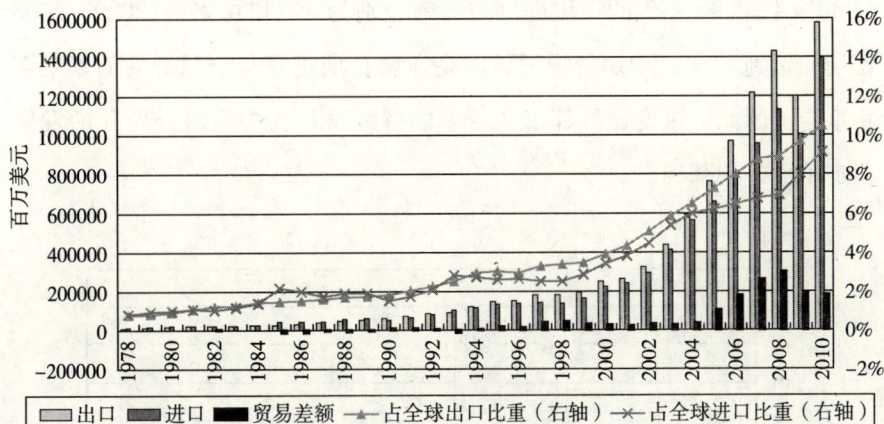

图 2.1　1978～2010 年中国货物贸易的发展

资料来源：中国外贸数字来自《中国统计年鉴》，全球贸易数字来自 IMF。

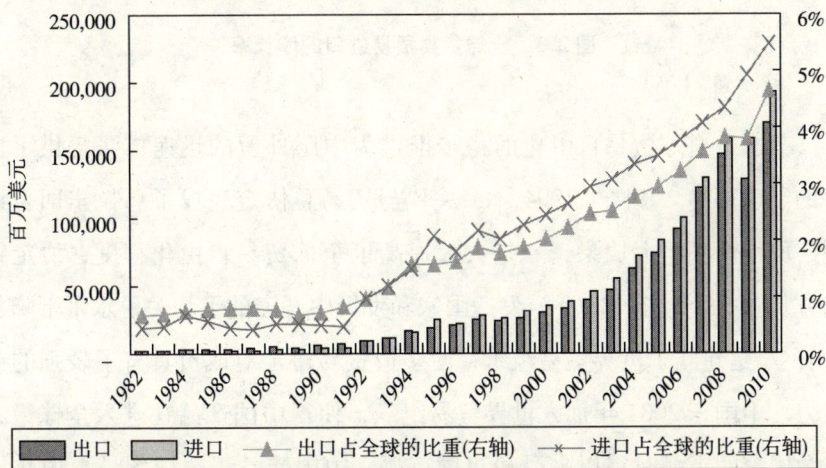

图 2.2　1982～2010 年中国服务贸易的发展

资料来源：WTO.

过去 30 多年中国对外贸易的蓬勃发展，首先得益于快速增长的国际市场需求。从图 2.3 中可见，1950 年以来全球货物贸易分为两个较长的繁荣期，第一个是从 1950 年到 1980 年，此期间每 10 年的平均进口增长率分别为 6%、9% 和 20%，第二个出现在 1980 年到 2008 年，其中 20 世纪 80 年代和 90 年代的年均进口增长率分别为 6% 和 6.7%，2000~2008 年期间达到 13%。中国货物贸易的高速增长期正好与全球贸易的繁荣期相重合，因此可以说，外部市场需求的持续增长为中国对外贸易的发展奠定了良好的基础。

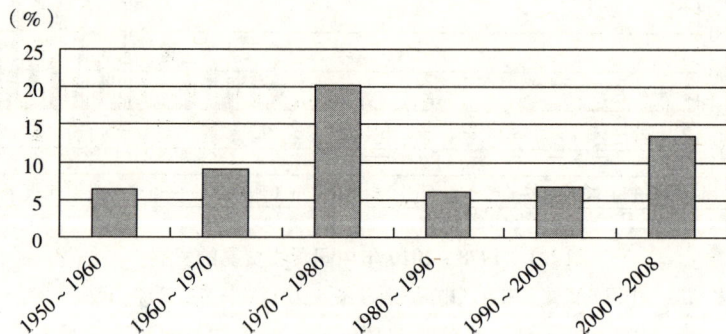

（%）

图 2.3　全球货物贸易进口的增长率

资料来源：UNCTAD.

其次，全球贸易自由化的稳步推进为中国外贸的迅速扩张提供了良好的制度环境。1986~1994 年，关税与贸易总协定完成了乌拉圭回合谈判，取得两项重大成果，一是大大提高了全球贸易自由化程度，协定缔约方从 103 个增至 125 个，发达国家和发展中国家的平均关税水平下降了 1/3；二是建立了世界贸易组织，使多边贸易协定对成员具有了较强的约束力。中国于 2001 年加入世界贸易组织，使得中国产品在进入全球绝大多数国家的市场时得以享受最惠国待遇。中国受益于全球贸易自由化推进的另一个例子是，随着《多纤维协定》于 2005 年到期，纺织品配额被全面取消，中国的纺织品出口随即出现井喷式增长。

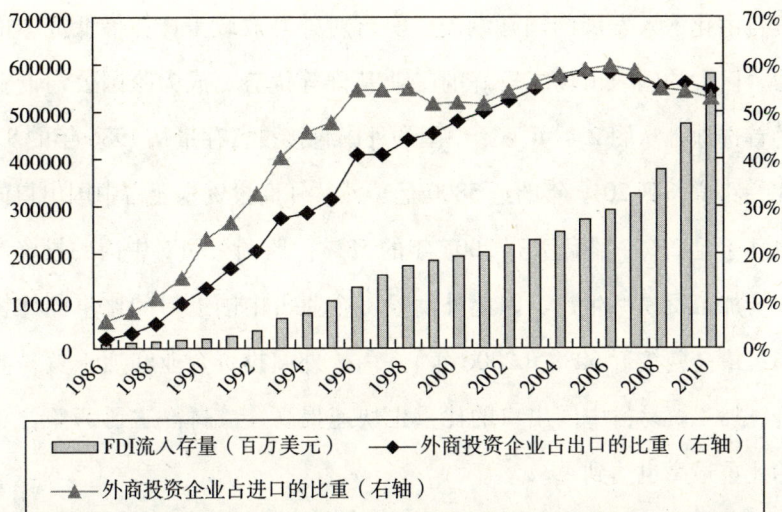

图 2.4　中国外商直接投资流入存量和外商投资企业占进出口的比重

资料来源：FDI 流入存量来自 UNCTAD STAT，外商投资企业占进出口比重来自《中国外商投资报告》。

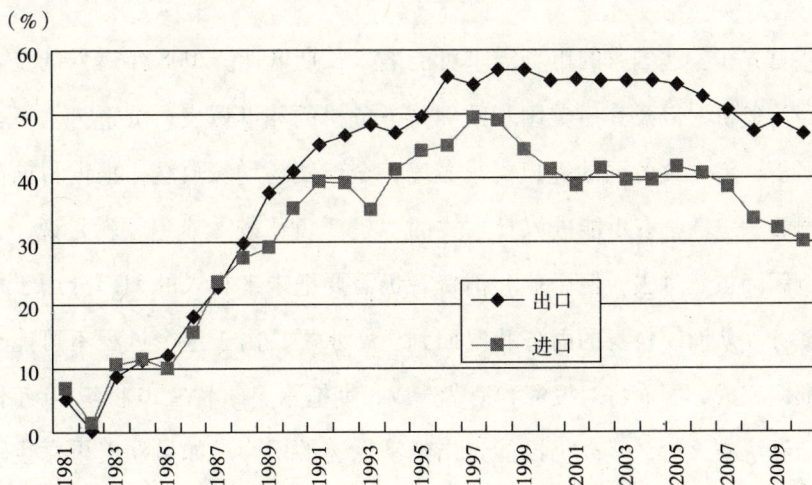

图 2.5　加工贸易占中国货物进出口的比重

资料来源：《中国统计年鉴》。

第三，经济全球化背景下的国际产业转移是中国货物贸易持续快速扩张的最主要原因。20 世纪 80 年代以来，中国顺应全球科技革命和贸易投资自由化深入发展的国际潮流，实行对外开放政策，凭借低成本的劳动力、巨大的国内市场、较好的工业基础等优势，成为跨国公司产业转移的首选地。从图2.4可见，中国的外国直接投资存量从1986年的83亿美元一路增长到2010年的近5800亿美元，外商投资企业占中国出口的比重也从不足2%一路猛涨到2005年的58%。跨国公司对中国的投资高度集中于加工贸易型生产，因此外商投资企业占中国进口的比重同样快速提高，最高曾接近60%（2006年）。由于外商投资企业和加工贸易高度重合，加工贸易占中国出口的比重也快速提高，最高曾达到57%，占进口的比重最高也达到49%。

二、外部环境正在发生重大变化

首先，发达国家的市场需求可能陷入长期低迷。2008年爆发的金融和经济危机，以及其后美国和欧洲债务危机的相继爆发，沉重打击了全球经济，将导致各国的进口需求萎缩，全球贸易增长放缓。根据目前的情况看，美欧都有可能进入日本式的"资产负债表"衰退，就是说，企业倒闭潮虽然过去，但企业和消费者仍需要把未来收入的大部分用于偿还债务，从而使自身的财务状况回到正常水平，由于这个过程不可能在短期内完成，因而将对投资和消费造成长期拖累。日本在20世纪90年代泡沫经济破灭后，至今仍没能走出经济低迷的阴影。如果欧美果真重蹈日本的覆辙，未来3~5年发达经济体的进口需求无疑很难再现昔日的快速增长。IMF在2011年9月发布的全球经济展望报告预测，发达经济体的实际GDP增长率在2011年将只有1.6%，2012年只略微提高至1.9%。货物进口方面，2012~2016年的年均增长率将只有5%，而在1987~

2006 年这 20 年的平均增长率则是 7%。但是，面对欧美债务危机持续恶化的新情况，即使是这一较低的增长率预期也已经变得不现实。IMF 已宣布将在 2012 年 1 月的新报告中下调对全球经济增长的预期，预计发达经济体的进口增长率数据也将被进一步下调。

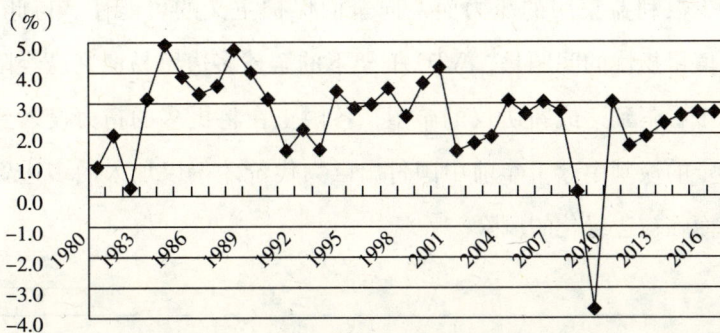

图 2.6 发达经济体的实际 GDP 增长率

资料来源：IMF World Economic Outlook Database, sep 2011.

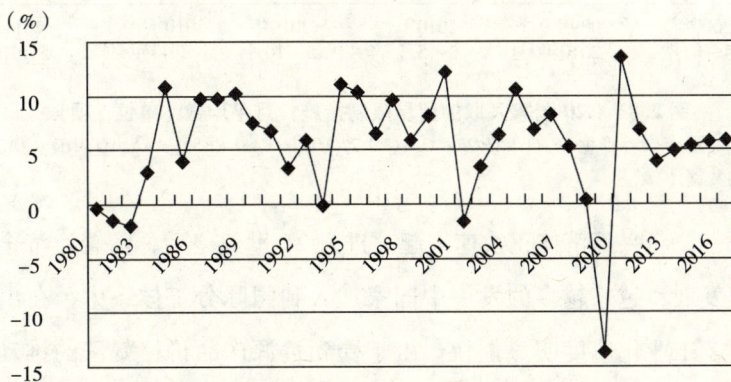

图 2.7 发达经济体的货物贸易进口增长率

资料来源：IMF World Economic Outlook Database, sep 2011.

第二，金融危机导致贸易保护主义抬头，全球贸易自由化进程陷于停滞。在金融危机爆发后，虽然 G20 峰会多次表态要防止贸易保护主义抬头，但根据 WTO 发布的监测报告，G20 国家新采取的贸易限制措施仍在不断增长。在20世纪30年代的经济大萧条中，由美国大幅提高关税引发的全球贸易战曾加重了全球经济衰退。虽然目前世界各国的相互依存度大大增加，虽然历史经验已经清楚地表明，一国采取以邻为壑的贸易保护主义最终将损害自身的利益，但是我们并不能排除一些国家的政府屈从于少数利益集团的压力而走向全面保护主义的可能性。与此同时，另一个值得担忧的问题是，WTO框架下的全球多边贸易谈判已经陷入僵局，由于看不到达成新协议的希望，各国正在将更多的精力投入到区域贸易协定的谈判中。十年前中国付出巨大代价才得以加入的多边贸易体系，正面临被边缘化的风险。

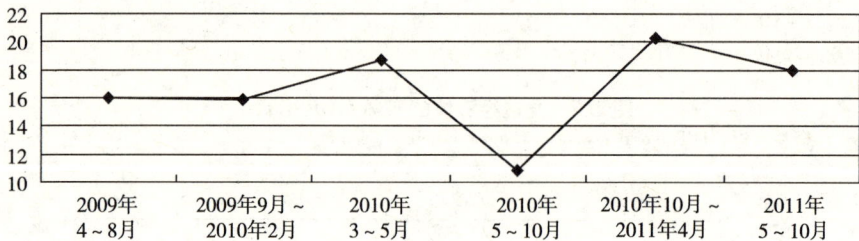

图 2.8 G20 国家采取的贸易限制措施：月平均数（单位：项）

资料来源：作者根据 WTO *REPORT ON G20 TRADE MEASURES*（MAY TO MID – OCTOBER 2011）的数据计算。

第三，新兴经济体正快速崛起。进入21世纪之后，随着经济全球化的加速发展，越来越多的发展中国家加入到国际分工体系中，在出口的带动下，工业化速度明显加快。由于受到资源产品价格暴涨的推动，新兴经济体的增长进一步加速，在全球经济中的地位大幅度提高。在整个20世纪90年代，新兴和发展中经济体占全球GDP的比重一直徘徊在20%左右，而这一比重在2000～2010年则猛增了14个百分点，达到34%。经济的增长带来了进口需求的快速增加。1990年，新兴和发展中经济体的货物贸易进口额还只占全球的19%，2010年这一比例已提高到36%。随着经济地位的提高，新兴经济体在全球经济事务中的发言权有了明显扩大。二十国集团（G20）取代八国集团（G8）成为全球经济治理的首要框架，就是新兴经济体全球影响力增强的最明显的体现。

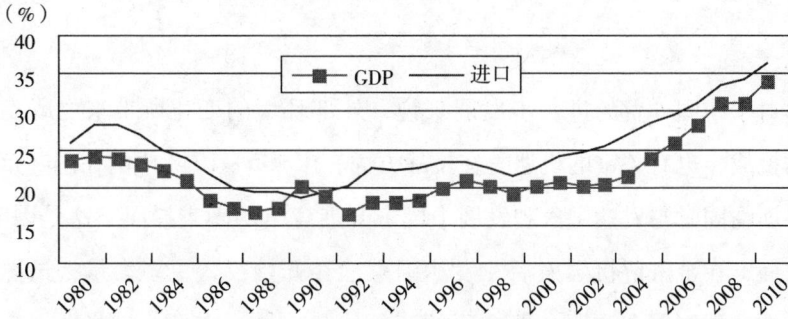

图 2.9 新兴和发展中经济体占全球 GDP 和货物贸易进口的比重
资料来源：作者根据 IMF 数据计算。

第四，随着其他发展中国家市场化改革和对外开放的推进，对国际资本的吸引力明显增强，跨境直接投资的国别分布趋于分散，中国在发展中经济体中一家独大的局面已经改变。在全球流入发展中经济体的 FDI 中，中国所占比重已经从 1993 年高峰时的 34% 下降到 2010 年的 16%。另一方面，巴西、印度、俄罗斯、沙特、土耳其这五个发展中大国的合计比重已从 20 世纪 90 年代初的 5% 左右提高到目前的 20% 以上。

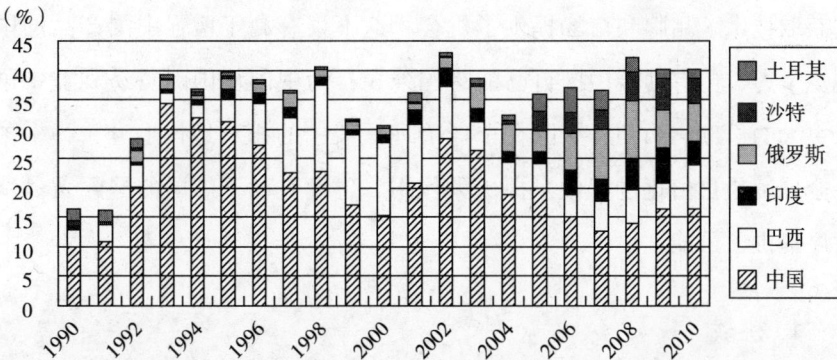

图 2.10 主要新兴市场大国占发展中经济体 FDI 流入量的比重
资料来源：联合国贸发会议在线数据库。

三、外部环境变化给中国外贸发展带来的机遇和挑战

对于中国外贸的进一步发展来说，外部环境的变化所带来的既有重大的挑战，也有关键的机遇。在挑战方面，未来 5～10 年中国在国际市场上将面临同时与发达国家和发展中国家开展竞争的困难局面。这是因为，一方面，在金融危机爆发后，发达国家已经开始投入更多力量，试图保持其在高端制造业和服务业方面的竞争优势；另一方面，一些新兴市场国家的工业化正在加速发展，其劳动和资源密集型产业的竞争力正在快速增强。此外，在发达经济体市场需求增长放缓、全球贸易自由化进程停滞、贸易保护主义抬头的大背景下，各国对市场的竞争将更为激烈，中国在现有基础上进一步开拓国际市场的难度将大大增加。

在机遇方面，首先，跨国公司将中国列为服务业和高端制造业直接投资的重点，将推动中国这些产业的发展，促进出口结构的升级。第二，虽然发达经济体增长放缓，但新兴经济体的崛起则为中国出口的增长提供了新的空间。第三，发达经济体的增长低迷也为中国企业通过海外并购获取技术、品牌和市场提供了机会，这不仅有利于增强中国产品的国际竞争力，更有助于中国自己的跨国公司，为中国从国际贸易利益中争取更大的份额。第四，中国在全球治理框架中的相对地位上升，为中国在全球贸易自由化进程中发挥更大作用、建设有利于中国的国际贸易新秩序提供了可能。

1. 挑战

（1）发达经济体的市场需求增长放缓，贸易保护主义抬头，全球贸易自由化进程受挫，这些都将限制中国出口的增长。虽然比重下降，但

发达经济体在中国目前的出口市场中仍占重要地位，2008 年中国货物贸易出口的 71% 都以发达经济体为目的地。未来数年发达经济体如果增长持续低迷，进口需求下降，无疑将制约中国货物贸易出口的进一步增长。

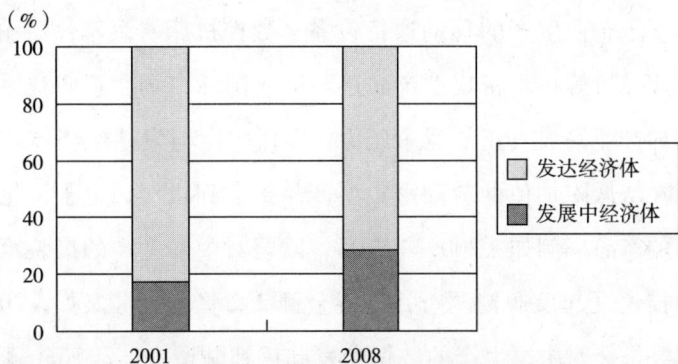

图 2.11 中国出口市场的分布

注：发达经济体采用 IMF 对先进经济体的定义，其他为发展中经济体。

资料来源：DRC 数据库。

2008 年金融危机后全球贸易保护主义的显著升温，已经给中国造成了重大损害。根据"全球贸易预警"（global trade alert）组织在 2011 年 7 月发布的报告，自 2010 年 11 月 G20 首尔峰会以来，世界各国总共采取了 194 项贸易保护主义措施，其中近一半（91 起）直接损害中国利益。

未来最坏的情况是，各国之间爆发贸易战导致多边贸易体系崩溃。在这种情况下，作为全球最大的出口国，中国的利益将蒙受无法估量的损失。因此，中国必须尽一切代价避免这一局面的出现。

（2）中国与发达经济体的正面竞争日益增加。长期以来，中国对发达经济体总体上属于垂直分工关系，中国的加工贸易出口大部分都是跨国公司的公司内贸易，中国本土企业出口的工业制成品主要是轻纺产品等传统的劳动密集型产品，与发达经济体的正面竞争很少。所以，虽然双方之间的贸易摩擦不少，但总体上中国的产品实际上并没有威胁到发达经济体的国内产业。但是，近年来这一情况正在发生改变。2001 年，中国以一般贸易方式对发达经济体出口的机械及电子产品（HS84 和 HS85）还不到 90 亿美元，但到 2008 年，这一数字已接近 800 亿美元，占中国该类产品对发达经济体出口总额的比重从 12% 提高到了 17%①。随着中国本土企业生产的移动通信设备、数控机床、汽车、船舶、高速火车、民用飞机等技术密集型产品逐步进入国际市场，它们开始对发达国家的国内产业构成真正的竞争压力，因而中国与发达经济体之间的贸易摩擦正在从低附加值的劳动密集型产品扩散到机械、电子、化工等较高附加值的产品。例如，2009 年 3 月，欧盟对中国生产的集装箱检测设备大型扫描仪发起反倾销调查，涉案金额 2.2 亿美元。又如，2010 年 9 月，欧盟委员会对中国生产的数据卡发起反补贴调查，涉案金额高达 41 亿美元。在金融危机后发达经济体复苏缓慢的背景下，美国、法国均已出台"再工业化"的政策措施，力图维持其在高附加值制造业的竞争优势，这将给中国的资本技术密集型产业进入国际市场增添额外的障碍。

（3）全球跨境投资趋于分散，将推动其他发展中国家的工业化，给中国制造业带来更多的竞争对手。日本一直是东亚地区跨境生产网络的资本和技术源头。从日本对外直接投资的发展情况可以清楚地看出，日本的投资重心正在从中国转向其他发展中国家。2004 年，中国在日本对外投资中的比重曾高达 19%，但 2008 年已跌至 5%，2010 年虽反弹到 13%，但比起历史高点还相去甚远。另一方面，巴西和印度所占比重则大幅上升。巴西的比重在 2010 年已上升到 8%，而在 2008 年之前最高不超过 4%。印度的比重在 2010 年也已上升到 5%，而 2007 年以前最高不超过 2%。东盟的比重在 2010 年也创出 1999 年以来的新高，达到 15.6%，比中国所占比重还高出 3 个百分点。

---

① 作者根据中国海关数据计算。

（%）

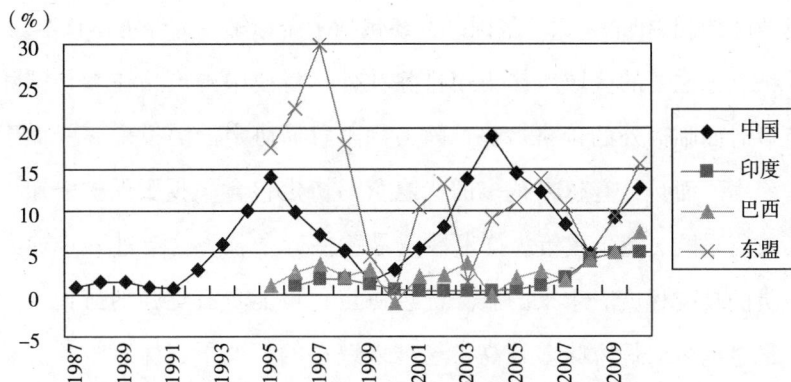

图2.12　日本对外直接投资流量的国别分布

资料来源：根据日本贸易振兴机构（JETRO）官方网站数据计算。

同时，发展中经济体早已将中国视为最主要的竞争对手，从它们对中国频繁采取贸易救济措施的情况就可以清楚地看出这一点。据世界贸易组织统计，1995～2001年，发展中经济体平均每年对华发起反倾销21起，而2002～2010年上半年的年均发起数量则猛增到了40起，几乎翻了一倍。据中国商务部统计，截至2009年底，全球共有100起保障措施涉及中国，其中86起由发展中经济体发起。展望未来，随着其他发展中经济体工业化的进一步推进，它们将更多地在国际市场上与中国开展竞争。

（4）被某些重要的区域贸易组织排除在外，可能对中国造成较强的贸易转移效应。中国已经与17个经济体签订了双边或区域自由贸易协议，但是，这些国家在中国出口总额中的比重还很小。如果考虑到输往香港的货物大部分并不是以香港为最终目的地，而把香港排除在外的话，2010年16个双边或区域自由贸易伙伴仅仅占到中国货物出口市场的10%。这一数字突出反映出这样一个事实：到目前为止，中国还尚未与主要发达国家签订双边或区域自由贸易协定。与此同时，欧盟的成员国数量已经从1995年的15个增加到目前的27个，美国在2008年加入跨太平洋伙伴关系协议（TPP）谈判后，这一区域性组织的参与谈判方的数量也迅速增加到 10 个，除了美国外，还包括了全球第三大经济体日本。

被全球主要的区域贸易集团排除在外，将使中国产品在参与国际市场竞争时面临额外的价格劣势，因为优惠贸易协定的关税税率要低于最惠国税率。而且，有越来越多的优惠贸易协定包含了投资保护、知识产权、政府采购、竞争政策、技术性贸易壁垒等条款，这会进一步加大对非成员的歧视程度。未来的服务优惠协定也可能具有更强的排他性，因为在最惠国待遇仍意味着较高市场准入壁垒的情况下，优惠服务贸易协定在实现成员方对标准、认证及资格要求的相互认可方面有很大的空间。

2. 机遇

（1）跨国公司的国际产业转移将推动中国服务业和高端制造业的发展。从图 2.13 可见，制造业在中国 FDI 流入量中的比例已经从 2002 ～ 2004 年大约 70%的峰值下降到目前的 50%以下。不过，在同一时期，服务业所占比重则翻了一番，从 25% 左右上升到 50% 左右。外资的进入将带来先进的营销经验和管理模式，对于中国服务业竞争力的提高和服务贸易出口的增长无疑是有利的。

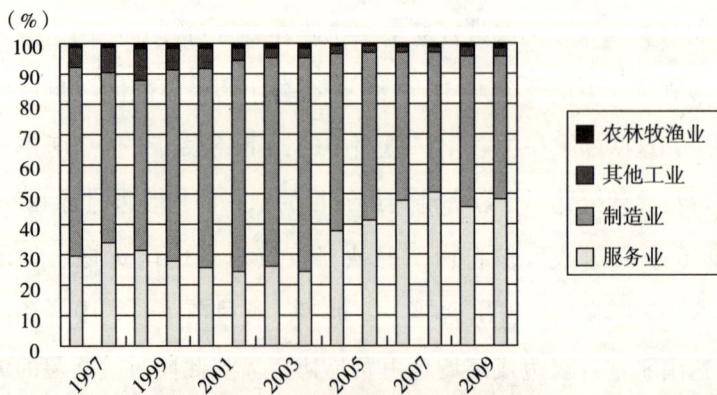

图 2.13　中国 FDI 流入量的行业分布

资料来源：CEIC.

　　而且，虽然制造业吸收外资的比例呈下降趋势，但在制造业内部，外资的行业结构则呈明显的升级趋势，即劳动密集型产业吸收的 FDI 减少或增速放缓，资本技术密集型产业吸收的 FDI 增长。这说明跨国公司正在把更多的高端制造业转移到中国，以利用中国的市场规模优势和人力资源优势。从图 2.14 可见，纺织业的 FDI 流入量在 2005 年达到 50 亿美元的峰值后已经迅速回落，2010 年只有 16 亿美元。电子通讯行业的外资企业以从事加工贸易为主，因而实质上也属于劳动密集型产业，这一产业吸收的 FDI 在 1998～2002 年经历了高速增长，但之后基本维持在 80 亿美元的水平，没有更进一步的增加。另一方面，机械设备制造业吸收的 FDI 则从 2000 年的不足 16 亿美元一路增长到 2010 年的 65 亿美元。化工行业吸收的 FDI 也呈增长趋势，从 1997 年的 14 亿美元增长到 2008 年的 41 亿美元，近两年虽有所回落，但仍维持在 30 亿美元以上。

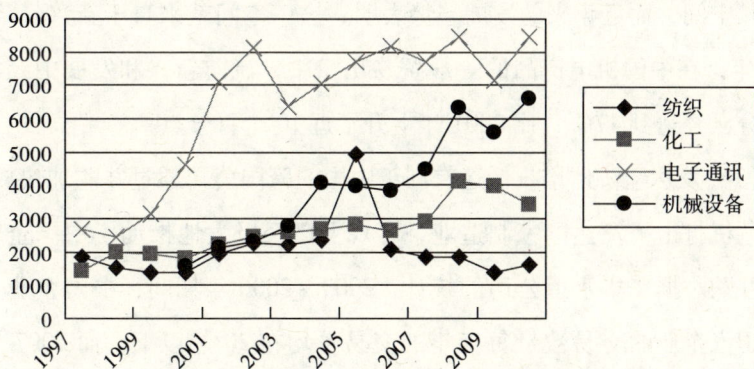

图 2.14　中国制造业 FDI 流入量的具体行业分布（单位：百万美元）
资料来源：CEIC.

　　（2）新兴市场的崛起为中国出口结构的升级提供了宝贵的机会。进入新世纪以来，新兴经济体在中国出口中的地位已经大幅度上升，2010 年新兴和发展中经济体占中国出口的比重已达 28%，而在 20 世纪 90 年代这一比重一直只有 10% 左右①。从未来发展趋势看，随着城市化和工业化进程的逐步加速，基础设施和商业环境进一步改善，劳动力素质和科学技术水平不断提升，新兴经济体总体将保持较快的发展势头，进口需求将持续增长，这就为中国出口的继续增长提供了新的市场空间。尤其重要的是，新兴经济体工业化的快速推进将产生对于资本品的强劲需求，这对于中国出口结构的升级，特别是扩大拥有自主知识产权的技术密集型产品的出口提供了难得的机遇。

中国本土生产的机电产品的技术档次和质量水平虽然还比不上发达经济体的产品，但由于价格低廉，具有性价比优势，在处于工业化过程中的新兴经济体具有较强的吸引力。目前在中国的全部贸易中，机械和电子产品（HS84 和 HS85 合计）的比重已经超过 40%，但是，在约占出口额一半的一般贸易中，机电产品的比重只有 20% 左右，未来还有很大的增长空间，而近年来的发展趋势表明，这一空间就来自于新兴经济体。2008 年，在中国机电产品的一般贸易出口中，流向新兴和发展中经济体的部分已经达到 47%，比 2001 年上升了近 10 个百分点②。

（3）发达经济体增长低迷有利于中国的跨国公司通过并购加快成长。金融危机打击了发达国家制造业，客观上已经极大地推动了中国企业的海外并购。据普华永道公司的统计，2003～2006 年期间，中国企业并购发达国家企业的交易数量每半年的交易量均在 20 起以下，而 2007 年以来，交易数量明显增加，每半年的交易量几乎都不低于 30 起，2010 年上半年还创出了 39 起的新纪录。展望未来，如果发达经济体长期陷入债务泥潭，经济增长乏力，中国企业的这一海外并购机遇期将进一步延长。通过海外并购获取技术、品牌和市场，有利于增强中国产品的国际竞争

---

① 作者根据 IMF 数据计算。
② 作者根据中国海关数据计算。

力，更重要的是，中国企业将具备在全球配置资源的能力，它们将能通过在全球开展生产来供应全球市场，而不仅仅是从中国本土向全球出口。也就是说，即使未来中国在全球的出口份额不能再大幅增长，中国的跨国公司所主导的国际贸易在全球的比重也将显著提高。

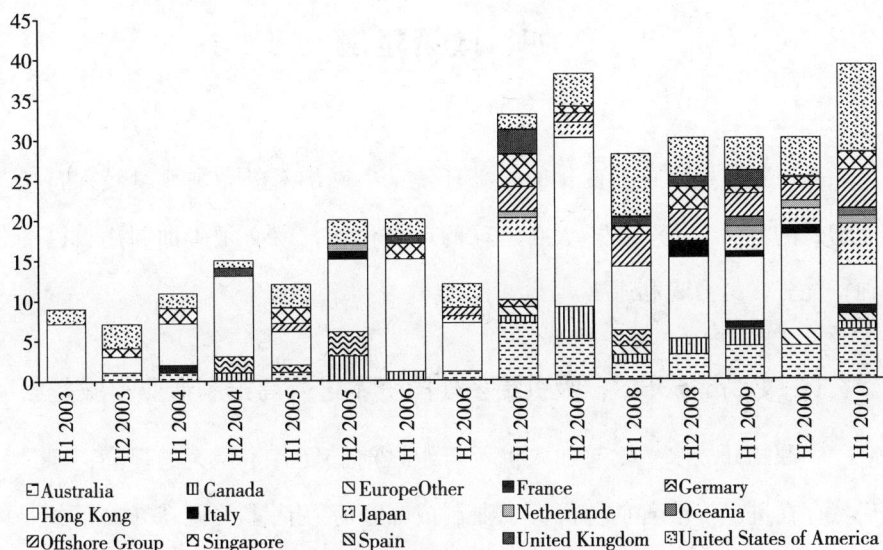

图 2.15　中国并购发达国家企业的交易量

资料来源：KPMG，EMIAT – Aug – 10 – master – charts.

（4）中国的全球影响力增强可能使贸易自由化进程更多体现中国的利益。金融危机后，中国在全球经济中的相对地位显著上升，在全球治理框架中的作用增强，国际货币基金组织在 2010 年 11 月决定将中国的投票权从 3.7% 大幅度调高到 6.4%，就充分体现了这一变化。在货物贸易领域，2010 年中国不仅在全球出口中占据 10.5% 的份额，在全球进口中的比重也达到 9.1%，成为仅次于美国的全球第二大市场。凭借这一地位，中国未来有可能在多边贸易谈判，包括区域经济一体化谈判中占据更加主动的位置，从而使多边贸易自由化和区域经济一体化进程更多地反映中国的利益。当然，能否实现这一目标在很大程度上将取决于中国的能力建设，具体地说，就是取决于中国能否拿出一个清晰的参与全球和区域贸易自由化的发展战略，能否在多边贸易谈判和区域经济一体化谈判中拿出自己的议题。

四、政策建议

面对正在发生重大变化的外部环境，中国的对外贸易要继续保持快速增长的势头，进一步扩大在全球的市场份额，就必须善加利用自己的独特优势，努力趋利避害。

1. 加大市场开放，吸引更多外国资本进入高端制造业和服务业

中国的开放水平比起加入世贸组织之前已经有了巨大的提高，但是仍然存在进一步改善的空间。工业制成品还存在诸多关税高峰，服务业也还存在对外资的诸多限制。进一步推进市场开放将吸引更多的外国资本进入中国的资本技术密集型制造业和服务业，从而推动这些行业的发展。中国加快发展资本技术密集型制造业是顺应劳动密集型产业优势减弱的趋势，并有利于与发展中国家的工业制成品拉开技术档次。加快发展服务业则有利于提高服务业的水平和效率，这不但会扩大中国的服务出口，也会间接地增强制造业的竞争力，比如通过提高物流效率可以显著降低制造业的综合成本。

2. 高度重视新兴市场，通过多种方式加强与新兴市场的经贸联系

在发达经济体市场需求增长放缓的情况下，新兴市场将成为中国外贸出口增长的主要动力。但是，在中国对发展中国家的工业品贸易已经

是大面积顺差的情况下，绝不能再单纯强调出口，而应切实贯彻"共赢"方针，努力与新兴市场相互创造需求。通过对外直接投资向其转移劳动密集型产业，有利于中国企业利用低收入国家的劳动力成本优势保持国际竞争力，同时也可以为东道国创造就业和税收。为此，必须切实扩大企业对外投资的自由度。在商签双边或区域自由贸易协定时，对于贸易伙伴国有重大出口利益的产品，例如农产品或某些资源的深加工产品，应当敢于作出大幅度的关税减让。利用中国的资金优势，与其他国家共同参与国际工程承包项目，也是实现共赢的有潜力的途径。

3. 积极参与全球贸易治理

作为全球第二大货物贸易国和第四大服务贸易国，积极推动全球多边贸易体系的建设是中国的重大和关键利益所在。第一，中国必须大力加强自身的能力建设，加强对多边贸易体系的研究，提高谈判人员的素质，加强专家队伍建设。只有如此，中国才可能更加积极主动地提出自己的议程，而不是被动地应对别国的提议。第二，中国要积极增加与WTO各成员，包括发达国家和发展中国家的接触和沟通，积极协调政策立场。第三，在继续推动WTO多边贸易谈判的同时，中国也应继续推进自由贸易区战略，并考虑尽快与更多发达国家签订FTA。

本章执笔：吕刚

第三章

国际跨境直接投资的机遇挑战与我国的战略调整

一、全球跨境直接投资的新趋势

1. 金融危机没有阻碍跨境直接投资步伐

根据联合国贸易和发展组织（UNCTAD）的统计，1996～2010 年期间，全球跨境直接投资流量从 3965 亿美元增加到 13233 亿美元，年均增长 8.4%。同一期间，全球跨境直接投资只有几个年份出现下降，特别是受亚洲金融危机、美国信息技术产业泡沫和国际金融危机影响，2001 年、2002 年下降幅度超过 25%，2008 年下降幅度超过 10%，2009 年下降幅度超过 38%，接近 40%。尽管如此，全球跨境直接投资仍然保持增长态势，2010 年跨境直接投资呈现反弹态势，增长 13.1%（见图 3.1）。

1996～2010 年期间，全球跨境直接投资存量从 4.09 万亿美元增加到 20.41 万亿美元，年均增长 11.3%。同一期间，全球跨境直接投资存量只有 2001 年和 2008 年出现下降，分别下降 3.6%、16.2%，正是美国信息技术产业泡沫和国际金融危机期间。尽管如此，全球跨境直接投资存量仍然保持增长态势，2009 年就迅速反弹，增速达到20%，2010 年增速达到6.3%（见图3.2）。

（亿美元）   （%）

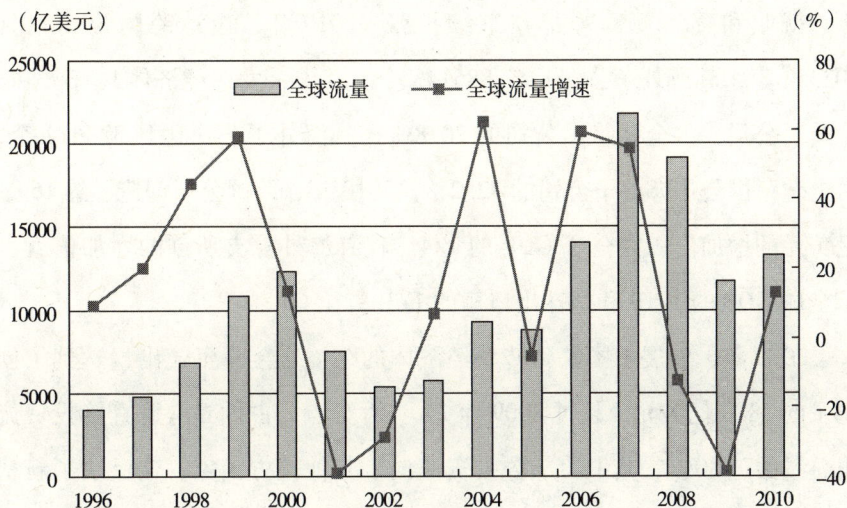

图 3.1 **1996～2010 年全球跨境直接投资流量及其增速**

资料来源：联合国贸易发展会议组织（UNCTAD）。

（亿美元）   （%）

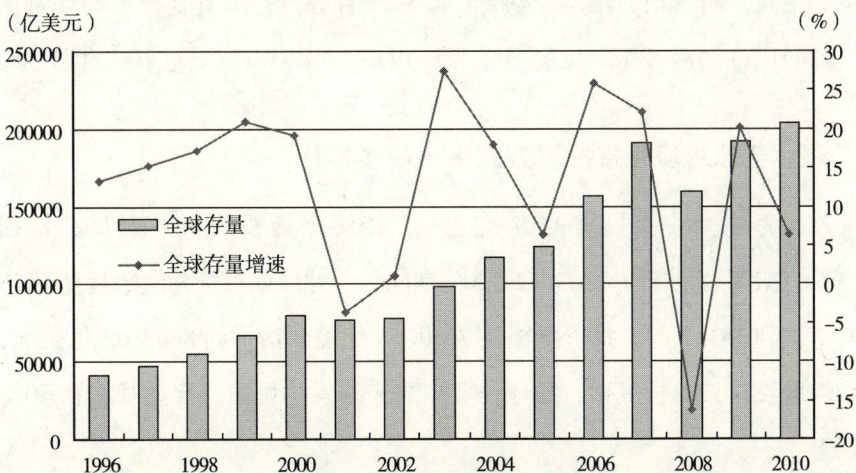

图 3.2 **1996～2010 年全球跨境直接投资存量及其增速**

资料来源：联合国贸易和发展会议组织（UNCTAD）。

2. 全球跨境直接投资继续呈现不平衡

跨国公司继续发挥重要作用，跨国公司的国际生产规模、海外销售额、就业和资产规模等都在继续扩张。2010 年，全球跨国公司达到 103353 家，其海外子公司达到 886143 个。其中，发达经济体共有 73144 个跨国公司，占全球跨国公司的 70.8%，其海外子公司达到 373612 个，占全球跨国公司海外子公司的 42.2%。2010 年，跨国公司创造了约 16 万亿美元的增加值，占全球 GDP 的 1/4。仅其海外分支所创的增加值就占了全球 GDP 的 1/10 和全球出口额的 1/3。

2010 年，发展中国家和转型经济体的跨境直接投资流出量达到了创纪录的 3880 亿美元，超过 2009 年 21 个百分点，占世界跨境直接投资流出总量的近 30%，其中大部分投资流向了其他南方国家。这反映了新型市场中的跨国企业的信心与活力不断增长。2010 年，发达经济体跨境直接投资流量继续下降到 6019.1 亿美元，占全球跨境直接投资的 51.5%，比起顶峰时期 2001 年的 92.4% 低 40 多个百分点；跨境直接投资存量占全球的比重位 84.2%，比起顶峰时期 1990 年的 93.1% 低近 10 个百分点。

3. 全球跨境直接投资方式进一步多样化

作为外国直接投资的方式之一，传统绿地投资继续发展。根据（UNCTAD）的统计，2003 ~ 2010 年期间，全球绿地投资并购数量从 9458 起增加到 14142 起，投资金额从 7619.18 亿美元增加到 8069.69 亿美元，年均增长 0.72%。其中，绿地投资主要来源发达国家，比重基本在 70% 以上。

随着经济全球化，跨境并购规模增加。1990 ~ 2010 年期间，全球跨境并购数量从 2072 起增加到 5405 起，全球跨境并购金额从 989.03 亿美元增加到 3388.39 亿美元，年均增长 6.04%。同一期间，跨境并购金额占全球 FDI 流入金额的比例从 47.67% 变化到 27.25%，2000 年一度达到 64.53%。2010 年跨国并购总额虽只是 2007 年历史最高位时的 1/3，但同比上升了 36 个百分点。2010 年，全球跨境并购额超过 10 亿美元的交易达到 152 起，合计达到 4008 亿美元。其中，美国的 KRAFT 食品有限公司支付 188 亿美元并购英国 Cadbury PLC，成为全球最大的并购案，中国的中石化、中海油、浙江吉利等 10 家企业参与跨境并购。

国际金融危机爆发后，非股权经营模式正在兴起。据 UNCTAD 估算，全球范围内跨境非股权经营模式在 2010 年创造了超过 2 万亿美元的销售额。其中，合同制造与服务外包贡献了其中的 1.1 万亿 ~ 1.3 万亿美元，特许经营额约为 3300 亿 ~ 3500 亿美元，技术许可经营总额 3400 亿 ~ 3600 亿美元，管理合同总额达到了 1000 亿美元，订单农业也遍布全球 110 多个国家。几乎在所有的行业中，非股权经营模式的增长速度均高于其所在行业的总体增长水平。

国有跨国公司开始在全球跨境直接投资中扮演重要的角色。尽管其数量只占全球跨国公司总数的不到 1%，但其国际直接投资却占到 2010 年全球国际直接投资流出量的 11%。2010 年，全球有 653 家大型国有跨国公司，其国际生产经营网络也已遍布世界各地，总共拥有超过 8500 家的海外分支机构。其中欧洲拥有数量最多的国有跨国公司，共 264 家。全球范围来看，有 455 家集中于服务业，尤其是像通信等很多原国家垄断的产业。从事金融业的国有跨国公司也占很大比重，约 126 家，包括了金融危机时期受政府大量资金注入的国有跨国公司。

4. 全球跨境直接投资结构进一步调整

跨境直接投资表现出产业结构进一步调整的发展格局。从对外直接投资存量中的比重来看，与 1990 年相比，2009 年全球产业结构进一步调整。发达经济体中的基础产业比重从 8.72% 下降到 8.07%，发展中经济体中的比重从 12.69% 下降到 5.63%，全球中的比重从 8.76% 下降到 7.77%；发达经济体中的制造业比重从 43.38% 下降到 25.51%，发展中经济体中的比重从 36.49% 下降到 10.61%，全球中的比重从 43.31% 下降到 23.72%；发达经济体中的服务业比重从 47.61% 上升到 64.14%，发展中经济体中的比重从 50.8% 上升到 79.53%，全球中的比重从 47.65% 上升到 65.99%（见表 3.1）。

表 3.1　　　　全球对外直接投资存量的产业结构（%）

	1990			2009		
	发达经济体	发展中经济体	全球	发达经济体	发展中经济体	全球
基础产业	8.72	12.69	8.76	8.07	5.63	7.77
采掘业	8.52	11.13	8.55	7.86	4.91	7.51
制造业	43.38	36.49	43.31	25.51	10.61	23.72
食品、饮料和烟草	4.12	1.49	4.09	3.39	0.25	3.02
纺织、服装和皮革	1.07	5.22	1.11	0.64	0.43	0.62
木材和木制品	1.28	4.77	1.31	0.55	0.11	0.50
焦炭、石油制品和核燃料	2.14	0.18	2.12	0.21	0.03	0.19
化学和化学品	9.18	0.96	9.09	5.68	0.33	5.04
橡胶和塑料制品	0.80	4.45	0.84	0.36	0.18	0.34
非金属矿产品	0.71	1.50	0.72	0.38	0.19	0.35
金属和金属制品	4.09	0.17	4.05	2.07	0.42	1.88
机械和设备	2.29	0.02	2.27	1.40	0.13	1.24
电子和电气设备	5.76	0.46	5.70	2.07	1.21	1.96
汽车和其他运输设备	3.28	0.05	3.25	2.74	0.59	2.48
其他制造业	2.82	0.38	2.79	1.36	0.17	1.22
未指明的	4.99	16.56	5.12	3.49	6.52	3.85
服务业	47.61	50.80	47.65	64.14	79.53	65.99
电、气和水	0.54	0.00	0.54	1.53	0.56	1.42

续表

	1990			2009		
	发达经济体	发展中经济体	全球	发达经济体	发展中经济体	全球
建筑	1.01	0.54	1.01	0.48	0.90	0.53
贸易	7.79	8.67	7.80	5.84	8.73	6.20
运输、仓储、通讯	2.22	2.30	2.22	4.39	4.74	4.43
金融	23.72	30.91	23.79	27.35	20.07	26.47
商业活动	4.73	6.41	4.75	20.26	41.70	22.84

资料来源：UNCTAD。

从对外直接投资流量中的比重来看，与 1990~1992 年期间相比，2007~2009 年期间，全球产业结构进一步调整。发达经济体中的基础产业比重从 3.9% 增加到 9.42%，发展中经济体中的比重从 14.36% 下降到 11.04%，全球中的比重从 4.12% 增加到 9.63%；发达经济体中的制造业对外投资流量比重从 36.86% 下降到 21.83%，发展中经济体中的比重从 72.45% 下降到 13.04%，全球中的比重从 37.63% 下降到 20.71%；发达经济体中的服务业比重从 50.34% 上升到 62.61%，发展中经济体中的比重从 12.9% 上升到 69.64%，全球中的比重从 49.54% 上升到 63.52%（见表 3.2）。

表 3.2　　　　全球对外直接投资流量的产业结构 （%）

	1990~1992			2007~2009		
	发达经济体	发展中经济体	全球	发达经济体	发展中经济体	全球
基础产业	3.90	14.36	4.12	9.42	11.04	9.63
采掘业	3.61	13.60	3.82	9.35	10.58	9.51
制造业	36.86	72.45	37.63	21.83	13.04	20.71
食品、饮料和烟草	5.90	1.67	5.81	3.80	1.34	3.49
纺织、服装和皮革	1.11	11.80	1.34	0.51	0.26	0.48
木材和木制品	1.40	14.42	1.68	0.09	0.07	0.08

续表

	1990~1992			2007~2009		
	发达经济体	发展中经济体	全球	发达经济体	发展中经济体	全球
焦炭、石油制品和核燃料	2.59	0.53	2.55	0.35	0.18	0.34
化学和化学品	7.02	4.80	6.97	5.84	0.54	5.17
橡胶和塑料制品	0.42	20.36	0.84	0.23	0.15	0.22
非金属矿产品	0.26	4.01	0.34	0.26	0.27	0.26
金属和金属制品	2.94	0.52	2.89	3.07	1.23	2.84
机械和设备	3.10	0.00	3.03	1.16	0.29	1.05
电子和电气设备	4.79	0.56	4.70	1.36	1.27	1.34
汽车和其他运输设备	2.10	0.00	2.06	1.49	1.07	1.43
其他制造业	2.75	0.20	2.70	1.85	0.10	1.64
未指明的	2.03	13.15	2.27	0.57	6.22	1.25
服务业	50.34	12.90	49.54	62.61	69.64	63.52
电、气和水	0.69	0.00	0.67	1.53	1.14	1.48
建筑	0.79	0.20	0.77	0.55	1.38	0.65
贸易	7.80	6.29	7.77	6.02	8.59	6.41
运输、仓储、通讯	3.14	0.26	3.08	5.21	3.80	5.04
金融	19.95	4.32	19.62	22.09	15.32	21.24
商业活动	13.19	0.14	12.91	24.05	36.07	25.54

资料来源：UNCTAD。

二、跨国公司对华投资战略的调整及影响

1. 跨国公司调整对华投资战略

国际金融危机对全球经济带来巨大冲击，中国经济9%以上的增长速度吸引了跨国公司。在华投资的跨国公司继续看好中国，表3.3显示了2009年在华跨国公司50%左右的企业继续大力开拓中国市场，其中54.3%的美国企业、51.2%的欧盟企业将继续大力开拓中国市场。

表3.3　　　金融危机爆发后跨国公司对华投资战略（占比,%）

	所有企业	日韩企业	美国企业	欧盟企业
大力开拓国内市场	49.1	46.0	54.3	51.2
提升在华产业的技术水平	46.8	50.4	47.1	39.5
扩大对中国制造业投资	42.5	42.5	44.3	51.2
以中国为基础开拓国际市场	32.1	27.4	40.0	23.3
在华开展研发活动	31.0	21.2	34.3	39.5
与本地企业开展合作	28.2	29.2	32.9	32.6
加大对配套产业的投资	22.1	20.4	22.9	23.3
在华开展区域地区总部活动	16.0	7.1	25.7	20.9
加大本地融资	16.0	7.1	15.7	16.3
加大在华服务活动投资	15.8	7.1	21.4	32.6
逐渐退出生产制造领域，靠技术专利授权或品牌授权盈利	2.0	2.7	1.4	0.0
其他	0.8	0.0	2.9	0.0

资料来源：国务院发展研究中心企业调查问卷，2009年10月。

　　另一方面，跨国公司的发展战略呈现以下趋势：一是将中国继续定位在重要的销售中心，看好中国巨大的市场需求，进一步延伸到中国内陆地区。这些跨国公司特别重视销售产品的中国元素需求，中国本地化趋势也非常明显，进行适应本地化的研发，主要体现在汽车制造业、部分化工产品制造业、餐饮服务业等。二是将中国继续定位在成本中心，看重中国的劳动力等资源要素，因而继续将加工生产环节转移到中国。中国市场竞争激烈，跨国公司也不得不将生产过程的成熟技术、重要技术而非核心技术转移到中国的生产加工企业。具有国际品牌的服装制造业企业、家电产品制造业企业、部分化工产品制造业等关注中国劳动力成本、劳动者技能、劳动效率的变化，以及内陆地区与沿海地区的区域政策，也特别关注中国各个地区产业链的配套能力。三是提升中国分公司的战略定位，提升在中国研发部门的地位（区域总部、海外总部）或在中国设立重要的海外研发部门，加大投入力度，继续维持或者扩大中国的生产加工能力。这些主要体现在竞争十分激烈，甚至有可能成为未来技术革命的前沿领域、新兴领域，包括新能源、新材料、生物制药等。可以看出，跨国公司继续重视中国市场。

2. 跨国公司对华投资战略调整产生了机遇

（1）促进中国经济结构调整和转变发展方式。长期以来，中国政府努力调整经济结构，促进经济社会协调发展。1978～2010年期间，按照当年价格计算，中国第一产业占国内生产总值（GDP）的比重基本呈现逐年下降态势，从30%左右下降到10%左右；第二产业的比重保持相对稳定，长期超过40%，处在41%～48%之间；第三产业基本呈现上升态势，从20%左右增加到40%以上（见图3.3）。

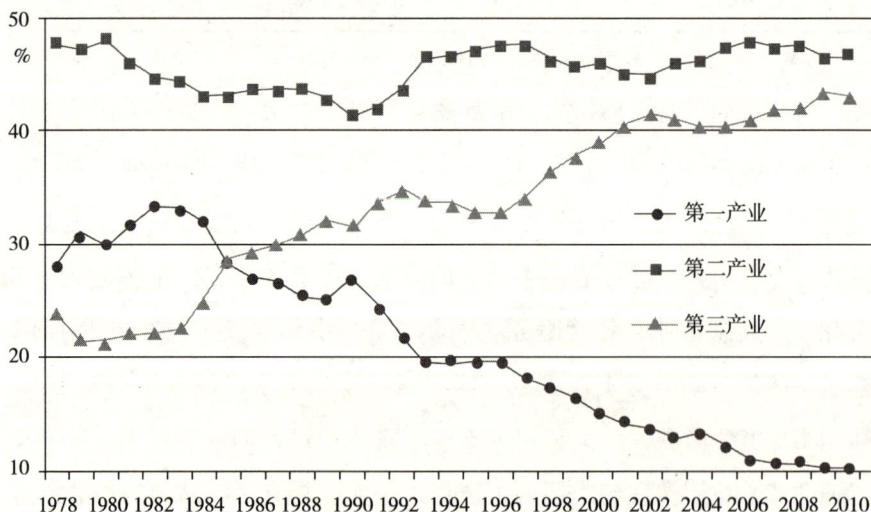

图3.3 中国三次产业结构比重（按照当年价格计算）
资料来源：《中国统计年鉴（2011）》，中国统计出版社2011年版。

中国吸收大量外国直接投资，自1993年以来，连续18年位居发展中国家的首位。2010年中国吸收外国直接投资达到1000亿美元以上，产业结构也得到进一步调整。图3.4显示，2010年中国吸收外国直接投资中，制造业仍然位居首位，比重高达45%以上，而2010年底注册登记外商投资企业中，制造业的比重更高，超过50%。其次，2010年外国直接投资增加了对中国的服务业投资，其中房地产业投资的比重超过20%，远高于2010年底注册登记外商投资企业中的房地产业比重。同样，2010年外国直接投资对批发和零售业的投资比重要高于2010年底注册登记外商投资企业在批发和零售业的比重。居民服务和其他服务业，以及水利、环境和公共设施管理业等两个服务业领域中，也是呈现同样的发展态势。这说明，跨国公司战略调整有利于促进中国经济结构调整和转变经济发展方式。

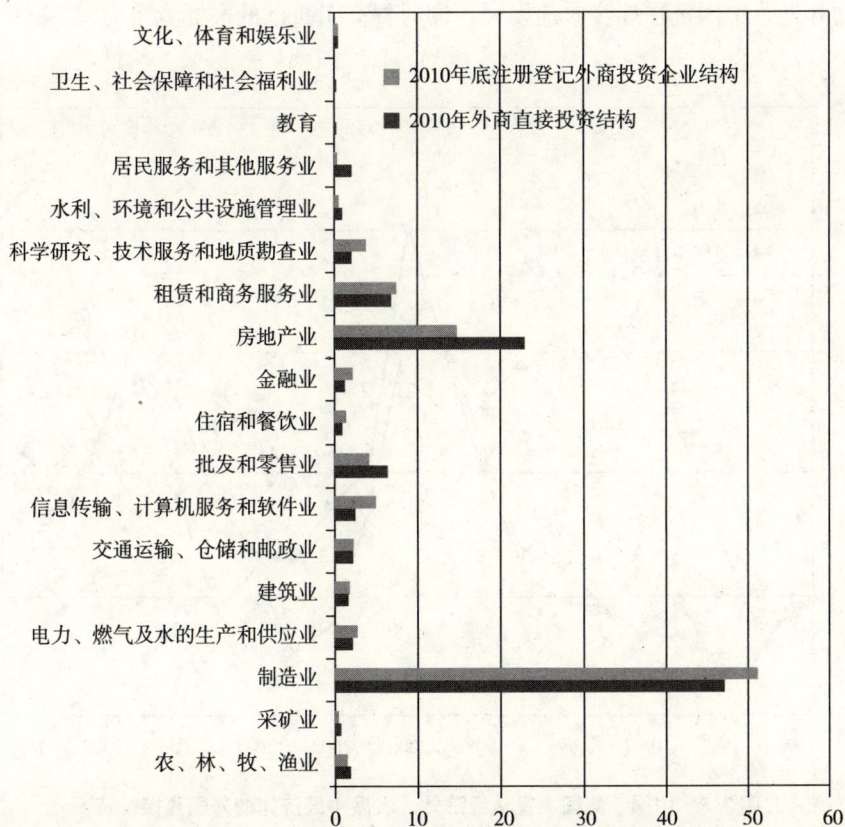

图3.4　中国吸收外国直接投资的产业结构（%）

资料来源：《中国统计年鉴（2011）》，中国统计出版社2011年版。

（2）跨国公司技术溢出效应将进一步显现。正如前面分析的那样，跨国公司在经济全球化发挥了重要的作用。10万多跨国公司及其88万子公司或者关联机构分布在世界各地，不仅进行全球采购，有效配置要素和各种资源，而且掌握了先进技术、核心技术、销售网络体系；不仅满足全球需求，而且引导需求导向、创造需求，保障其生产、供给适应市场变化；不仅是全球新兴技术的倡导者、使用者，也是经济全球化、技术全球化的主导者。30多年改革开放的成功实践证明，中国充分发挥了跨国公司的技术溢出效应，从初级产品的加工制造到现代高新技术产品的开发，中国正在逐步向前发展，同时提高了自己的国际竞争力。

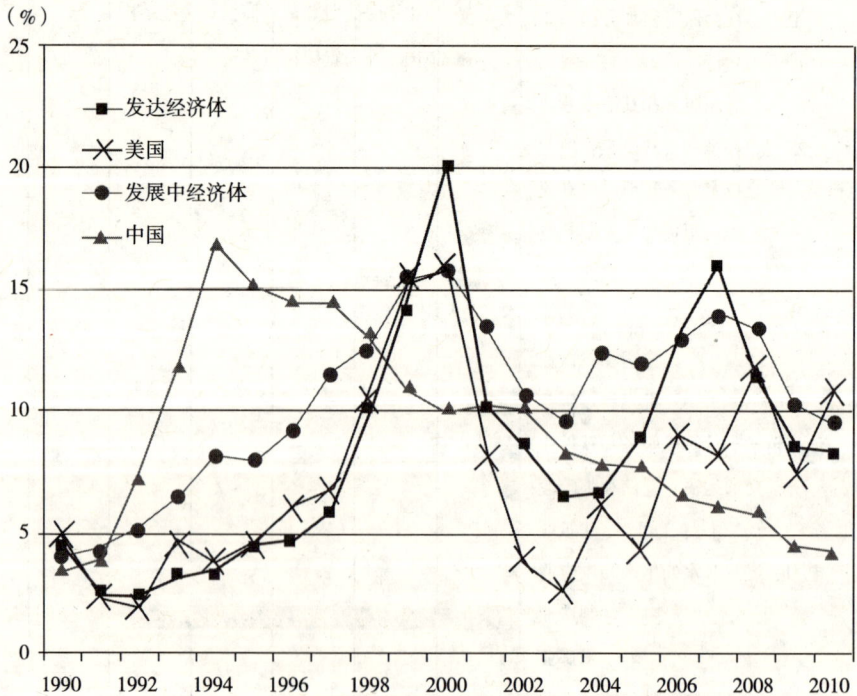

图3.5　中国、美国、发达经济体、发展中经济体的外国直接投资流量占其固定资本形成总额的百分比（1990～2010年）

资料来源：UNCTAD.

　　图 3.5 和图 3.6 显示，中国虽然吸收了大量的外国直接投资，但与中国的经济规模和发展前景并不相适应。无论是外国直接投资流量占固定资本形成总额的比例还是外国直接投资存量占 GDP 的比例，2004 年以后中国的水平不仅低于发达经济体的水平，而且低于发展中经济体的水平，呈现下降态势。这说明中国吸收外国直接投资还存在较大的发展空间。

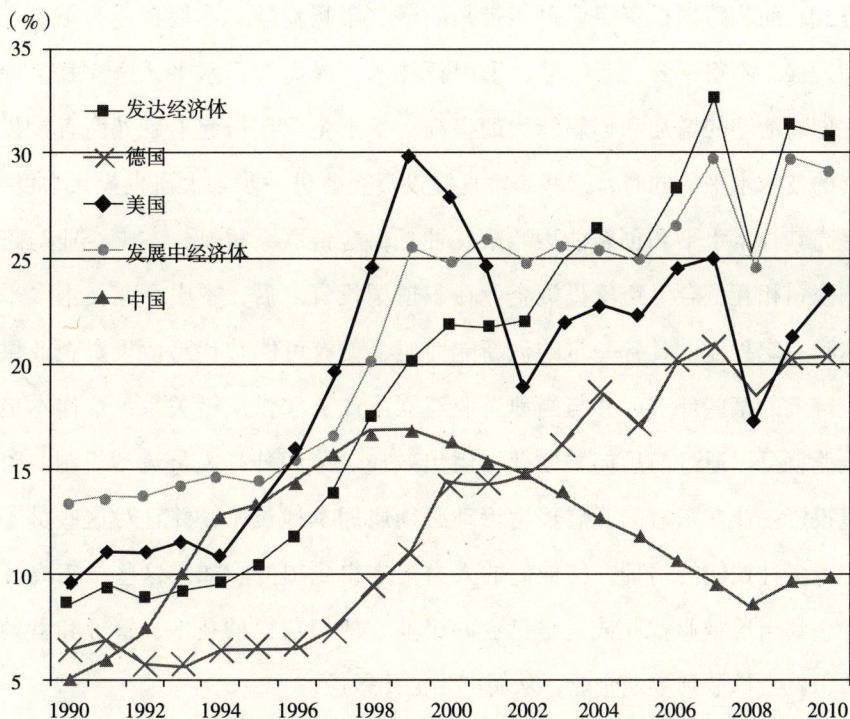

图 3.6　中国、美国、德国、发达经济体、发展中经济体的外国
直接投资存量占其 GDP 的百分比（1990~2010 年）

资料来源：UNCTAD.

　　（3）跨境直接投资促进中国自主创新。一方面，理论上讲，跨境直接投资有利于提升东道国的技术水平，对东道国的创新能力起促进作用。据联合国贸发会议统计，发达国家对研发活动的投入占全球总量的 90% 以上，而其中的主力是跨国公司。跨国公司的海外子公司在研发方面的投入不断加大，并逐步在包括发展中国家在内的其他国家成立专门的研发机构。跨境直接投资对东道国的创新能力产生"溢出效应"的传导机制主要有四种：第一种是示范和模仿机制，这是最直接、简单的方式。东道国企业通过模仿跨境直接投资企业，短期内迅速提高自身的管理水平和技术水平，技术外溢就产生了。第二种是竞争机制，这是最有效的方式。面临跨境投资企业可能带来的激烈市场竞争，本地企业为了生存和发展，不得不开发新产品、采用新技术、提高管理水平，这样就会促进创新活动的增加和创新能力的提高；本土企业在奋起追赶外商直接投资的技术水平的同时，这些跨境直接投资企业进一步加大研发投入力度，提高其技术水平和创新能力。第三种是供应链联系机制，本土企业与跨国公司相互融合。跨境投资企业在东道国投资之后，本土企业技术水平达到一定程度，具备一定的创新能力时，就有可能替代跨境投资企业供应链上的某些环节，并与当地企业建立生产链和供应链关系，这样本地企业就可以通过前后向关联获得溢出效应。第四种是人员流动机制。跨境投资企业在东道国开展经营活动必须雇佣本地员工，并且对这些员工进行多种技能的培训，使他们的人力资本得到提升。如果这些员工离开外企到当地企业就业或是自己创办企业，他们获得的技术、管理和营销知识就会扩散到本地企业，从而产生溢出效应。

另一方面，实证分析结果更多地显示，跨境直接投资促进了东道国的技术创新。全球数以万计的文献显示，跨境直接投资更多地带来技术溢出效应。早在20世纪60年代，西方学者MacDougall（1960）就提出外资企业的进入可能会给本地企业带来正面的溢出效应。20世纪90年代之后，随着全球范围内FDI流动的规模越来越大，对外资溢出效应的实证研究也越来越多，研究结果显示对发展中国家技术进步有积极的促进作用。而且，对发展中国家的许多研究集中在墨西哥、中国、印度，研究成果都是积极的溢出效应。很多国内学者进行了大量的实证分析，有的从地区角度分析，有的从产业角度分析，有的从传导机制分析，相当多的研究得出了中国吸收外国直接投资获得了溢出效应的结论，外资不仅提高中国的技术水平和创新能力，而且对中国经济增长和参与全球分工都起到了积极的作用。事实上，跨境直接投资企业在华已经设立超过1200 家研发中心和研发机构，主要集中在技术密集型行业，如电子通讯、生物医药、交通化工、软件设计等行业，这些研发活动的全球化直接增强、提高了中国的创新能力。

3. 跨国公司对华投资战略调整带来了挑战

（1）发达国家实施经济结构调整和再制造业化战略。二次世界大战之后，发达国家对外投资进入新的历史时期，不仅增加对外投资力度，法国、美国、日本等国家的跨国公司还将制造业环节转移到东道国，将设计、研发、销售网络服务等核心部门留在母国。因而，这些国家出现了产业空洞化现象，这些国家政府部门一度担忧。

这次金融危机爆发后，危机中心的美国、欧盟等国家实施了各种应对金融危机的措施，再制造业化成为其中的一个重要应对策略。发达国家的再制造业化战略旨在重新振兴其制造业，解决经济危机的实体经济与虚拟经济失衡问题，进一步巩固经济复苏、经济增长的基础。

从法国的工业振兴计划、美国的新经济战略等再制造业化战略来看，其战略目标清晰，为重点支持相关产业，鼓励重点产业中的制造及研发企业回归，出台了全面、具体的扶持政策，包括补贴贷款机制、创业启动基金、科研税务鼓励、引导贷款流向工业部门等一系列措施。对外国直接投资从未给予任何税收优惠的日本，为了吸引高端产业活动，重振日本经济，金融危机后首次制订了通过提供优惠税收吸引外商投资高端产业活动的政策。这些国家的再制造业化计划均包括大力发展新兴产业、加强对国内产业的保护和促进出口等内容，以确立工业在国家经济中的中心地位、促进就业、加快结构调整等。

金融危机爆发后，发达国家的再制造业化将影响部分高端产业活动对外转移进程和全球跨境投资规模，不利于中国吸引高端产业活动，不利于中国发展节能环保、高端装备制造业、新能源、新材料等战略性新兴产业，未来有可能将恶化中国的对外贸易和利用外资的市场环境，也将进一步加剧中国与其他国家市场竞争的激烈程度。

（2）跨国公司始终控制核心技术、采购、销售网络体系。跨国公司长期占据有利的国际分工地位，拥有强大的国际竞争力，主要依赖几个因素：核心技术、采购与销售网络体系、国际货币。随着跨国公司跨境投资活动的增加，有效配置全球资源的同时，东道国企业获取了溢出效应，技术进步非常明显，企业管理创新也有突破，与跨国公司的差距进一步缩小。因而，跨国公司需要不断增强其创新能力和掌控其核心技术，完善其采购、销售网络体系，发挥其掌握的国际货币作用。

一方面，跨国公司可能发挥其对东道国的"挤出效应"，继续保持其比较优势地位。这些途径主要有四种：第一种是技术壁垒的使用。部分外商投资企业为在竞争中保持垄断地位，极力维持现有技术的生产能力，提高新技术的进入成本，如过度保护知识产权，拥有更多的专利技术，这不利于中国当地企业的技术进步。第二种是技术转移的限制。跨国公司的母国以及跨国公司会对先进技术的扩散和传播实施严格的控制，他们竭力保护自己的先进技术，严格限制先进技术流出，进入中国部分技术已经是相对落后的技术。同时，中国本土企业通过技术许可和技术转让具备了生产现成产品的能力，却难以掌握被跨国公司控制的先进技术，技术创新和改进仍依赖跨国公司的母公司。第三种是排头企业研发机构的并购。外商投资企业进入中国市场之后，寻求整合中国的行业"排头兵"企业。国家历年对这些企业进行了大量的投资和人才培养，不仅成立了研发机构，而且成立了一支强大的技术队伍和管理队伍。外商投资企业通过整合"排头兵"企业的研发机构、队伍和人才，削弱了原企业的竞争力。第四种是人才的争夺。外商投资企业凭借其强大的财力、健全的分配制度、先进的管理方式、完善的培训制度、良好的工作环境、为员工提供高收入和发展前景，吸引着中国本土的研发人才、大学毕业生、海外学成归国人员，与本地企业争抢研发骨干，抬高了本土企业开展研发的成本。

另一方面，全球经济增长放缓，势必引起各种贸易争端。根据世界贸易组织（WTO）的统计数据，全球发起反倾销调查案件数量和实施反倾销措施案件数量都出现两个高峰期，一个高峰期是 1998 年爆发的亚洲金融危机后、1999 年和美国信息技术泡沫后的 2001 年，另一个高峰期是 2008 年美国次贷危机引发国际金融危机后的 2008 年和 2009 年。可以预见，除了传统的反倾销、反补贴、保障措施、知识产权保护、技术措施等外，这些跨国公司的母国将会采取更加灵活的措施，例如购买本国货、安全标准、节能环保、低碳经济、绿色经济等，继续控制核心技术和掌握采购销售网络体系，挤压发展中国家的空间。2011 年，欧盟推出 RoHS 指令——新版电子电气设备中特定有害物质禁用指令（2011/65/EU），2010 年 1 月 1 日~12 月 31 日期间，美国共发起 58 起 337 调查，其中涉华案件 19 起，占其中的 1/3，对华实施 337 调查创新高。

（3）周边新兴经济体带来激烈的竞争。金融危机爆发以来，中国国内价格水平持续上涨，最低工资水平不断提高，企业劳动力成本和原材料成本也处于高位态势，导致一些地区特别是东部沿海地区的引资优势有所削弱，表现在土地、环境和劳工成本不断攀升，综合税负水平高，外资优惠政策逐步取消，高端人才发展较慢，研发成本居高不下等方面。中国的中西部地区虽然具备劳动力成本优势和优惠政策，但政府服务效率、物流运输、基础设施和人才素质等因素与东部仍存在一定差距，不利于吸引高端制造业和服务业。

2011年欧洲主权债务危机进一步蔓延，世界主要发达经济体进一步震荡，未来经济复苏步伐进一步放缓。在这种背景下，以印度、越南等为代表的中国周边的一些新兴经济体增长强劲，实行更加开放和更加优惠的引资政策，低成本优势更加突出，中国面临更加激烈的市场竞争。跨境投资已经逐步转移到周边新兴经济体，不仅仅是增加这些周边国家的订单，而且有的跨境投资企业将其总部转移到这些国家。对于前苏联国家、东欧国家等新兴经济体，虽然劳动力成本相对较高，但受教育程度普遍也较高，在吸引发达国家高端制造业和服务业转移方面优势较为突出，也已经成为中国吸引高端产业活动的重要竞争对手。对跨国公司在华投资企业的调研活动中，我们发现部分跨国公司增加了对其他新兴经济体的投资，这既有跨国公司分散风险和开拓潜在市场等方面的考虑，更主要的是看到新兴经济体的良好条件，例如，基础设施的改善、市场不断开放、市场规模日益扩大、劳动力素质和产业成熟度逐步提高等。

日本国际协力银行的调研显示，中国面临更多的竞争。日本国际协力银行每年以制造企业为对象实施"海外直接投资调查"，根据日本国际协力银行2011年1月公布的调查结果显示，未来3年内前景看好的中期投资地（可多选），自1992年度开始该调查以来，中国依旧以77.3%高居第一，其后依次为印度（60.5%）、越南（32.2%）、泰国（26.2%）；今后10年内前景看好的长期投资地选择中（可多选），印度则以74.9%跃居首位，中国以71.7%降至第二位。中国和印度作为投资首选地的决定因素是"市场具有发展性"，其中涉及对华投资的担心和面临的难题，选择"劳务成本提高"和"劳资问题"的企业急剧增加。

三、中国提高利用外资质量与水平，
促进发展方式转变

1. 充分发挥中国的综合优势

近几年来，中国的劳动力、原材料、土地等要素成本提高，尽管如此，中国仍然具有综合性优势。一是中国人均国民收入不断提高，中国需求已经成为全球最大的市场。改革开放以来，特别是中国加入WTO、融入全球经济以来，中国GDP超过世界主要发达国家，成为仅次于美国的第二大经济体，人均国民收入不断增加，规模巨大的市场潜在需求逐步转化为有效需求，全球跨境投资企业纷纷看好这一点，前面分析的跨国公司调整其全球战略已经说明了这一点。金融危机爆发后，中国市场需求逆经济危机趋势出现增长态势，中国汽车消费是最有代表性的。正是经历了金融危机，中国成为全球汽车生产、汽车消费大国。

二是中国的加工制造能力进一步提高，成为全球供应链的重要组成部分。无论是劳动密集型产品还是资本密集型产品，甚至技术密集型产品，中国在全球中都拥有重要的地位。一方面，中国主要工农业产品名列世界前茅，220种工业品产量居世界第一位。例如，工业产品中的粗钢、硬煤、水泥、化肥，农产品中的谷物、肉类、籽棉、花生、茶叶和水果产量均稳居世界第1位；发电量居世界第2位，原油产量居世界第4位，大豆和甘蔗产量分别居世界第4位和第3位。另一方面，中国积极参与国际分工，融入全球经济。中国货物出口、进口分别上升到全球第一位、第二位，双双超过万亿美元，占全球份额分别上升到 10.36%、9.07%；中国劳动密集型产品所处的国际分工地位虽不理想，但是具备非常强的国际竞争力，信息技术产品的国际竞争力逐步提高，以华为、中兴为代表的企业已经成长为具有国际竞争力的跨国公司。中国拥有较强的配套能力，融入跨境直接投资企业的供应链中，中国生产也逐步转向中国制造，中国成为全球供应链中不可或缺的部分。

三是中国拥有丰富的、高素质的人力资源。一方面，人口众多也带来人力资源丰富、人口红利等有利条件。城市化过程中，大量的农村劳动力进入工厂，逐步成为加工制造环节中的普通操作工人和技术熟练工人。另一方面，中国还拥有职业技术工人、本专科生和研究生，以及归国留学人员。根据《中国统计年鉴（2011）》，中国研究生基本呈现逐年增加态势，2003 年起每年招收研究生超过 20 万，2010 年达到 50 万以上；2010 年中国在校研究生 153.84 万人，当年毕业研究生达到 38.36 万人。不仅如此，归国留学人数不断增加，2009 年、2010 年归国留学人员分别达到 10.83 万人、13.48 万人。2010 年，中国普通本专科在校学生人数为 2231.79 万人，当年毕业人数达到 575.42 万人。

从学科来分析，表 3.4 显示，2010 年中国毕业的工学研究生达到 12.87 万人，理学研究生达到 4.37 万人；2010 年中国毕业的工学本专科生达到 212.04 万人，其中本科生 81.32 万人，专科生 130.71 万人；毕业的理学本专科生 27.05 万人，其中本科生达到 26.91 万人。每年毕业的数百万本专科学生为中国经济社会发展提供了丰富的、高素质的人力资源，这些丰富的人力资源规模超过欧洲大多数国家人口总规模，世界上没有哪个国家能够与中国相提并论。

表3.4	2010 年中国分学科研究生、本专科生毕业情况				单位：人	
项目	研究生毕业生数			本专科毕业生数		
	合计	博士	硕士	合计	本科	专科
总计	383600	48987	334613	5754245	2590535	3163710
哲学	4620	703	3917	1952	1952	
经济学	19110	2371	16739	278995	158286	120709
法学	26165	2414	23751	195518	114588	80930
教育学	13565	857	12708	333270	90327	242943
文学	33623	2129	31494	834983	487520	347463
历史学	4857	827	4030	13713	13713	
理学	43654	9638	34016	270456	269053	1403
工学	128678	17428	111250	2120361	813218	1307143
农学	14079	1973	12106	102477	48442	54035
医学	35582	5762	29820	444586	162401	282185
管理学	32703	3738	28965	1157934	431035	726899

资料来源：《中国统计年鉴（2011）》。

中国抓住这些综合优势，利用国内规模巨大的有效需求，充分发挥中国加工制造的综合配套能力，进一步利用丰富的、高素质的人力资源，必将吸引更多的跨境直接投资，有利于调整中国经济结构和促进经济发展方式转变。

2. 有步骤地推进和优化区域开放

当前中国区域开放战略的调整进入关键时期，特别是要处理好与我国经济发展模式转变之间的关系，应该因地制宜制定不同区域开放的战略与政策，促进区域协调发展。金融危机之后，中国应当进一步有步骤地推进和优化区域开放。

当前，应因地制宜地制订不同地区的对外开放战略。中国区域开放的新战略是：第一，沿海发达地区要着力提高开放质量与水平，促进结构调整和转型升级，提升在国际分工中的地位。根据《珠江三角洲地区改革发展规划纲要（2008－2020）》、《国务院关于进一步推进长江三角洲地区改革开放和经济社会发展的指导意见》等区域规划，进一步利用外商直接投资，促进这些地区成为全国转变经济发展方式的典范。第二，沿海欠发达地区着力承接加工贸易，发展临港工业，以开放促发展。依托沿海地区的地缘优势，根据地方区域性的规划，进一步改善投资环境，促进跨境投资企业与欠发达地区本土企业的融合，形成产业链上的相互合作关系，进一步提升创新能力和国际竞争力。第三，中西部地区要扩大开放，探索内陆开放型经济新模式，重点吸引市场寻求型的外资，加速本地经济发展；沿边地区要大胆探索开放的新方式，大力发展边境贸易与口岸经济，实现富民安边。特别是要高度重视发挥经济技术开发区、综合保税区、工业园区等特殊功能区的独特作用。

3. 进一步改善投资环境

金融危机爆发前后，在华外商投资企业反映，中国取消了外资优惠政策，出台了扶持本土企业的诸多措施，特别是政府采购等领域出现歧视性政策，甚至认为中国的投资环境有所恶化。对于这些问题，中国政府明确表示，中国加入 WTO 多年，应当按照 WTO 规则以及其他国际规则，实行本土企业与外商投资企业平等的国民待遇。因而，原来一些外商投资企业独享的优惠政策被取消，外商投资企业应当予以理解。当然，中国政府并不回避投资环境存在的不足和问题，强调进一步改善投资环境，提高吸收外资质量，加快吸引高端产业活动。

一是进一步创造公平竞争的环境，保障政策的连续性、稳定性。修订政策和新政策出台前，政府部门要进行充分的调研，特别是向包括外商投资企业在内的相关利益方征询意见，并进行有关解释、分析和讨论；制定政策时，考虑相关政策的协调性和连续性，特别是相关经贸政策调整时给予一定的过渡期，对于具体的实施细则、操作程序，需要制定时统筹考虑和及时公布，避免对法律法规的不同解释和企业无所适从；发挥中国知识产权保护领导小组办公室的作用，加大知识产权保护力度，形成保护技术、专利的良好氛围，有利于吸引更多的外商投资企业对华转移新技术、新产品。

二是扩大内需和促进经济发展的同时，鼓励外商投资企业开拓国内市场。以市场发展潜力和规模效益，进一步提升中国对外国直接投资的吸引力。结合中国现有的产业发展规划，鼓励外商投资企业加大节能环保、新材料等产业的投入，进一步开拓国内市场。

三是降低综合税负，提高市场监管效率，减少因多头管理、程序繁复等问题导致企业运营成本增加，提高在华机构在跨国公司全球业务中的综合竞争力。

四是根据经济形势发展，适时加快改革步伐。深入改革外资管理体制，进一步简化审批程序、减少审批事项，以更加开放的理念积极拓宽利用外资的方式；加快金融市场改革，拓宽投资方式，及早消除跨国企业在资金运作中的难题和障碍，提高对高端制造业、服务外包、区域总部等高端产业活动的金融服务功能。

本章执笔：胡江云

第四章

我国对外投资的外部环境

一、我国进入对外投资快速增长阶段

我国已经进入对外投资的快速增长阶段，见图 4.1。2005 年，我国对

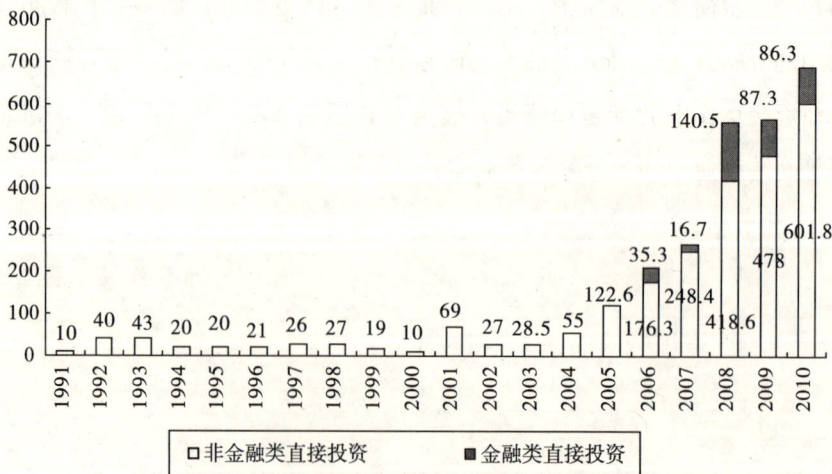

图中纵轴为 0 到 800，横轴为 1991 ~ 2010 年。

各年份数据（非金融类直接投资）：
1991: 10，1992: 40，1993: 43，1994: 20，1995: 20，1996: 21，1997: 26，1998: 27，1999: 19，2000: 10，2001: 69，2002: 27，2003: 28.5，2004: 55，2005: 122.6，2006: 176.3，2007: 248.4，2008: 418.6，2009: 478，2010: 601.8

金融类直接投资：2006: 35.3，2007: 16.7，2008: 140.5，2009: 87.3，2010: 86.3

□ 非金融类直接投资　　■ 金融类直接投资

图 4.1　1991 ~ 2010 年中国对外投资额（亿美元）

说明：1991 ~ 2001 年数据来自 UNCTAD《世界投资报告》，2002 年以后的数据来自商务部统计。2006 年以前，我国的对外直接投资统计不包括金融类对外直接投资。

外投资首次突破 100 亿美元①，之后快速增加。2010 年，我国非金融类最外直接投资已经达到了 601.8 亿美元，金融类对外直接投资为 86.3 亿美元。中国对外直接投资额已经位居世界第 5，仅次于美国、德国、法国和中国香港地区，超过了日本。但是，从对外投资存量来看，中国与世界主要经济体相比还有较大差距，位居世界第 17 位。

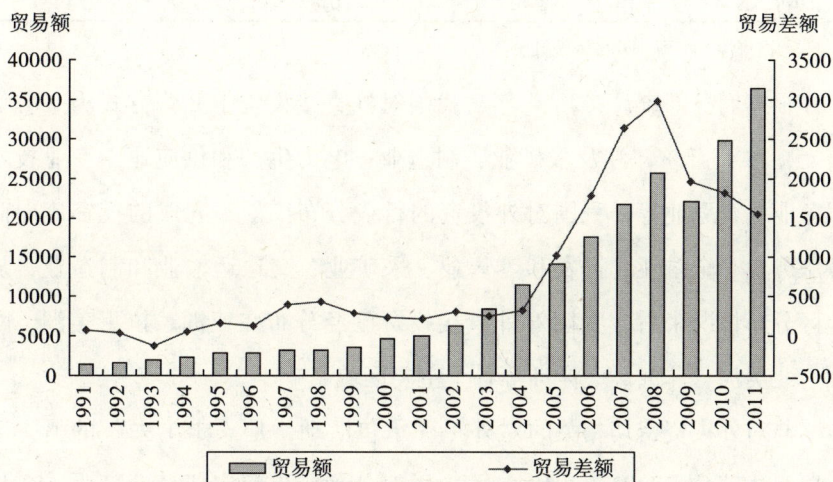

图 4.2　1991～2011 年我国对外贸易总额和进出口差额（亿美元）

数据来源：中国统计年鉴。

表 4.1　　　2010 年我国与主要经济体对外投资流量和存量比较 单位：亿美元

	对外投资流量		对外投资存量
美国	3289	美国	48433
德国	1048.6	英国	16893
法国	841.1	法国	15230
中国香港	760.1	德国	14213
中国	688.1	日本	8311

---

①　2005 年之后也是我国外贸快速增长时期。2004 年我国对外贸易额突破 1 万亿美元，2007 年突破 2 万亿美元，2011 年突破 3 万亿美元；贸易顺差 2005 年突破 1000 亿美元，2007 年突破 2000 亿美元，2008 年接近 3000 亿美元，之后顺差逐渐缩小，但 2011 年仍然超过了 1500 亿美元，见图 4.2。

续表

	对外投资流量		对外投资存量
日本	562.6	俄罗斯	4336
俄罗斯	517	瑞典	3361
加拿大	385.8	中国	3172
荷兰	319	新加坡	3000
韩国	192.3	巴西	1809
印度	146.3	印度	924

数据来源：中国对外投资统计公报。

　　根据商务部统计，2010 年，我国对外直接投资中并购方式为 297 亿美元，占 43.2%，涉及采矿业、制造业、电力生产和供应业、专业技术服务业、金融业等；我国对外投资的行业分布广泛，九成的投资流向商务服务业、金融业、批发和零售业、采矿业、交通运输业和制造业；从地区分布情况来看，我国对外直接投资已经分布在亚洲、拉丁美洲、欧洲、北美洲、非洲、大洋洲等各个主要区域。

　　与对外投资密切相关的对外工程承包活动，是"走出去"的另一个重要组成部分。2002~2010 年，中国对外承包工程完成营业额由 112 亿美元增加到 922 亿美元，增长了 7 倍多。2010 年，54 家中国承包商入选美国《工程新闻纪录》的"全球最大的 225 家国际承包商"名单，总营业额达到 505.9 亿美元，超过了美国和法国，企业数量和营业总额均排名世界第一。2010 年我国对外工程承包行业主要分布在房屋建筑（25.0%）、交通运输建设（18.2%）、电力工业（17.7%）等领域；亚洲（46.3%）和非洲（38.9%）则是主要工程承包地区①。

────────

　　① 受金融危机和一些地区形势动荡的影响，2011 年我国对外投资和工程承包的增速放缓。据商务部最新公布的数据，2011 年我国境内投资者共对全球 132 个国家和地区的 3391 家境外企业进行了非金融类对外直接投资，累计实现直接投资 600.7 亿美元，同比增长 1.8%；2011 年我国对外承包工程业务完成营业额 1034.2 亿美元，同比增长 12.2%，新签合同额 1423.3 亿美元，同比增长 5.9%。

二、我国对外投资的基本动因①

1. 市场开拓型投资

市场开拓型对外投资的目的是建立自己的国际品牌和国际营销渠道，减少贸易摩擦，更好地进入东道国市场。我国制造业的对外投资主要是市场开拓型投资，如家用电器、纺织服装、箱包玩具等国内生产规模大、核心技术相对稳定、劳动密集程度较高、市场竞争激烈的行业。为市场开拓服务的大型分销企业在海外建立营销网络，也属于市场开拓型投资。

2. 资源寻求型投资

我国正处于快速工业化和城市化时期，经济发展需要消耗大量资源能源。因此，相关行业企业扩大了对外投资，如石油天然气开采业、炼油、钢铁、木材采伐和加工业、采矿业、煤炭开采业等，开展海外投资的主要目标是寻求矿产资源。

3. 技术寻求型投资

一般是制造能力较强而研发能力较弱的行业，如 IT、机械、化工等行业，主要目标是通过海外投资获取技术信息和研发能力，与国内的制造能力相结合，提升国内制造业的水平与国际竞争力。

4. 效率寻求型投资

目前中国是世界上最重要的低成本制造国，成本寻求型对外投资占

---

① 本节分析参见国务院发展研究中心对外经济研究部《中国海外投资》等相关研究报告。

比重很低，但是，随着中国劳动力成本的快速上升，中国一些劳动密集型企业必然会转移到制造成本更低的国家，以寻求更低成本和更高效率的生产。

5. 追随型投资

银行等金融机构和其他服务行业的企业，跟随制造业企业的对外投资，并购当地的中小银行和服务型企业，为已经"走出去"的企业提供服务，也可称作服务型投资。

三、未来我国对外投资的国际环境

我们从国际经济形势或者说对外投资的市场环境、各国吸引外商投资的政策环境以及国际投资的竞争环境等方面，分析我国未来对外投资的国际环境。

1. 世界经济形势和市场环境

从全球主要经济体来看，金融危机的阴霾仍未散去。世界经济处于从低迷走向增长的转折关头，但是欧洲债务危机的持续发酵给经济复苏前景增添了不确定性。

美国政府采取了再工业化战略、出口倍增计划和吸引外资的选择美国行动等一系列刺激经济增长的政策。从最近的一些经济指标，如失业率、制造业指数等来看，美国经济出现了复苏的迹象。受多种内外部因素影响，这些迹象还不明确，尤其是美国经济尚未找到长期增长的新动力，因此，其经济复苏之路还存在变数。但是，经过数年的调整，美国经济逐渐转好并出现较快增长的可能性是存在的。

欧洲经济受主权债务的冲击和人口结构老化等因素的影响，短期内将在低位徘徊，并可能出现衰退。根据世界银行的预测，2012年欧元区经济将出现负增长，2013年将恢复正增长。未来一段时期内，欧洲需要集中解决主权债务问题和制度性缺陷，其经济增长势头将会受到抑制。

根据世界银行预计，日本经济在未来几年中将保持低速增长。新兴经济体和发展中国家将成为世界经济增长的主要贡献者。但是，由于各国经济已经紧密联系在一起，因此，新兴经济体和发展中国家的经济快增长势头能否延续下去，也取决于发达经济体能否摆脱金融危机的拖累，恢复增长。

总体上来看，世界经济已经出现了走出金融危机、恢复增长的迹象，但是仍然存在一定的不确定性。各国的市场需求恢复到金融危机前繁荣的状态，尚需一定时间，目前投资可能不会立刻获得丰厚的收益回报，但是，世界范围内的企业资产、技术和土地、劳动力等要素价格仍然处于低位，对于资金富裕的投资者来说，投资的机会是较多的，是通过绿地投资或者并购，建立全球生产经营网络和获取有价值的技术、研发或者营销网络、矿产资源等①的机遇期。

表4.2　　　　　2000年以来不同类型国家经济增长率（%）

	2000	2001	2002	2003	2004	2005	2006	2007	2008	2009	2010
高收入国家	4	1	2	2	3	3	3	3	0	-4	3
中等收入国家	5	3	4	6	8	7	8	9	6	3	8
低收入国家	4	5	3	4	6	6	6	6	6	5	6

① 矿产资源等大宗商品具有较强的金融投资属性，其价格的波动会脱离实体经济的供求状况，成为国际投机资金炒作的对象，因此，对矿产资源等的投资还需要考虑国际金融市场的波动因素，把握投资的时机。

续表

	2000	2001	2002	2003	2004	2005	2006	2007	2008	2009	2010
最不发达国家	4	6	5	5	7	7	7	8	7	4	5
OECD 成员国	4	1	2	2	3	3	3	3	0	-4	3
美国	4	1	2	3	4	3	3	2	0	-4	3
欧盟	4	2	1	1	3	2	3	3	0	-4	2
世界	4	2	2	3	4	4	4	4	1	-2	4

资料来源：世界银行。

表 4.3　　　世界银行对全球实际 GDP 增长的预测（%）

	2009	2010	2011e	2012f	2013f
世界	-2.3	4.1	2.7	2.5	3.1
按购买力平价计算	-0.9	5	3.7	3.4	4
高收入国家	-3.7	3	1.6	1.4	2
OECD 国家	-3.7	2.8	1.4	1.3	1.9
欧元区	-4.2	1.7	1.6	-0.3	1.1
日本	-5.5	4.5	-0.9	1.9	1.6
美国	-3.5	3	1.7	2.2	2.4
非 OECD 国家	-1.5	7.2	4.5	3.2	4.1
发展中国家	2	7.3	6	5.4	6
东亚和太平洋国家	7.5	9.7	8.2	7.8	7.8
中国	9.2	10.4	9.1	8.4	8.3
印度尼西亚	4.6	6.1	6.4	6.2	6.5
泰国	-2.3	7.8	2	4.2	4.9
欧洲和中亚	-6.5	5.2	5.3	3.2	4
俄罗斯	-7.8	4	4.1	3.5	4.5
土耳其	-4.8	8.9	8.2	2.9	3.9
罗马尼亚	-7.1	-1.3	2.2	1.5	3
拉美和加勒比	-2	6	4.2	3.6	4.2
巴西	-0.2	7.5	2.9	3.4	4.4
墨西哥	-6.1	5.5	4	3.2	3.7

续表

	2009	2010	2011e	2012f	2013f
阿根廷	0.9	9.2	7.5	3.7	4.4
中东和北非	4	3.6	1.7	2.3	3.2
埃及	4.7	5.1	1.8	3.8	0.7
伊朗	3.5	3.2	2.5	2.7	3.1
阿尔及利亚	2.4	1.8	3	2.7	2.9
南亚	6.1	9.1	6.6	5.8	7.1
印度	9.1	8.7	6.5	6.5	7.7
巴基斯坦	3.6	4.1	2.4	3.9	4.2
孟加拉国	5.7	6.1	6.7	6	6.4
撒哈拉以南非洲	2	4.8	4.9	5.3	5.6
南非	−1.8	2.8	3.2	3.1	3.7
尼日利亚	7	7.9	7	7.1	7.4
安哥拉	2.4	2.3	7	8.1	8.5
备注					
发展中国家					
不包括转型国家	3.3	7.8	6.3	5.7	6.2
不包括中国和印度	−1.7	5.5	4.4	3.8	4.5

说明：e 指估计，f 指预测。
资料来源：世界银行。

2. 各国吸引外商投资的政策环境

根据联合国贸发会议的统计，自 2000 年以来，在各国的外资调整政策中，大部分是属于更加自由化和促进外商投资的措施，见表 4.4。例如，2010 年，在各国新的 149 项外资政策中，自由化和促进政策 101 项，监管和限制政策 48 项。但是，加强监管和限制措施的占比一直呈上升趋势，见图 4.3。2000 年，管制和限制措施占新的外资政策措施的 2%，到了 2010 年该比例上升到了 32%。这说明各国在继续扩大开放的同时，也在改进吸引外资的政策，以使外资更好地发挥促进东道国经济发展的作用。这与进入 21 世纪以后，对 20 世纪 90 年代全球化迅猛发展的反思有关。

表 4.4 　　　　　　　2000～2010 年各国外资政策调整情况

	2000	2001	2002	2003	2004	2005	2006	2007	2008	2009	2010
外资政策有变化的国家数	70	71	72	82	103	92	91	58	54	50	74
外资政策的调整数	150	207	246	242	270	203	177	98	106	102	149
自由化和促进政策	147	193	234	218	234	162	142	74	83	71	101
管制和限制政策	3	14	12	24	36	41	35	24	23	31	48

资料来源：UNCTAD.

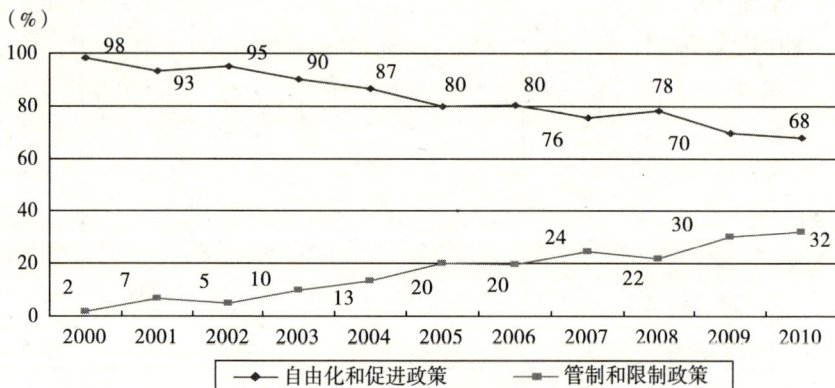

图 4.3　2000～2010 年各国外资政策调整情况（%）
资料来源：UNCTAD.

从不同行业的外资政策来看，受金融危机冲击，各国对于金融行业的外商投资，进一步加强了监管和限制。新的金融监管措施主要集中于增加银行资本金和流动性要求，减少金融机构倒闭风险和强化监管。例如，2010 年 6 月，吉尔吉斯国有化了外资控制的该国最大银行之一的亚洲通用银行；2011 年 4 月，澳大利亚拒绝了新加坡交易所以 83 亿美元兼并澳大利亚证券交易所的计划，其理由是这不符合澳大利亚的国家利益。在资源民族主义等情绪影响下，资源行业吸收外资政策的限制措施也增加了。一些国家实施了对资源行业的国有化政策，外商投资的股权成为国有化的对象。例如，2010 年 1 月，加拿大政府宣布阻止必和必拓公司以 390 亿美元收购加拿大钾肥公司的交易。

从各地区的外资政策来看，拉美和加勒比地区对外资的管制和限制措施明显增多，亚洲和非洲地区的鼓励外资措施则明显多于限制措施，发达国家的外资鼓励措施略多于限制措施。

表 4.5　　　　　　　　　不同地区外资政策的调整

	进入和建立方面的政策		运营方面的政策		促进和便利化政策
	有利于 FDI	不利于 FDI	有利于 FDI	不利于 FDI	
总计	40	16	34	33	35
发达国家	6	6	10	6	4
发展中国家	30	10	19	24	27
非洲	4	2	8	4	11
东亚 *	12	5	5	5	12
西亚	10	0	4	0	3
拉美和加勒比	4	3	2	15	1
转型经济体#	4	0	5	3	4

注：* 包括东亚、南亚、东南亚国家（地区）；# 包括东南欧和独联体国家。
资料来源：UNCTAD.

社会责任成为国际投资政策环境中新的重要内容，低碳经济、绿色发展、环境保护、劳工标准等日益成为各国发展关注的重点和焦点。根据世界投资报告的分析，企业社会责任标准已经成为一种独特的"软法律"。目前，关于企业社会责任的标准体系是多层次、多方面并且相互关联的。联合国、国际劳工组织和经合组织发布的社会责任标准，主要是界定基本的企业社会责任并提供指导。另外，还有几十项国际多方利益相关者的倡议、几百项产业协会的倡议和几千份独立公司准则，为企业提供社会和环境责任标准。

表 4.6　　　　　　联合国关于企业社会责任的全球契约十项原则

人权	原则 1：企业应支持并尊重国际公认的人权的保护
	原则 2：确保不是侵犯人权的同谋
劳工标准	原则 3：企业应该维护结社自由和有效承认集体谈判的权利
	原则 4：消除一切形式的强迫和强制劳动
	原则 5：有效废除童工
	原则 6：消除就业和职业方面的歧视
环境	原则 7：企业应支持采用预防性措施来应付环境挑战
	原则 8：采取措施，以促进更大的环境责任
	原则 9：鼓励环保技术的开发和扩散
反腐败	原则 10：企业界应反对一切形式的腐败行为，包括敲诈勒索和行贿受贿

资料来源：UNCTAD.

3. 国际投资的竞争环境

新兴经济体和发展中国家正在成为重要的国际投资来源。据联合国贸发会议统计，发展中经济体和转型经济体的对外投资额已经占到了全球的约 30%，总额为 3380 亿美元。其中，东亚地区国家、独联体国家和拉美地区国家的对外投资增长较快。相比之下，发达国家对外投资占全球的比重已经从 10 年前的约 90% 减少到 70%，下降了近 20 个百分点。这在很大程度上是以中国、印度、俄罗斯、巴西等为代表的一批新兴经济体国家快速发展的结果。在新兴经济体国家的跨国企业中，国有企业占了很大比重。这些国有企业拥有充足的金融资源，有动机也有资金去获取海外资源和战略性资产。

新兴经济体国家的对外投资大部分集中于其他新兴经济体和发展中国家。图 4.4 显示，发展中国家对外投资项目的 70% 集中于发展中国家和转型经济体。

从对外投资的产业来看，受金融危机冲击和美法等国的再工业化战略的影响，制造业成为近期投资的重点，并将在未来一段时间内得到延续。在制造业中，一些周期性较强的产业，如金属制造业、电器电子设备、木材加工等，吸引外商投资下降幅度较大。另一些制造业，如化工医药、食品饮料、纺织服装、汽车等，吸收外国直接投资已经恢复增长势头，新兴经济体需求增长是推动这些产业吸收外资复苏的重要原因。纺织服装生产是对成本很敏感的，劳动力成本低廉的国家将吸引该产业的外国直接投资。

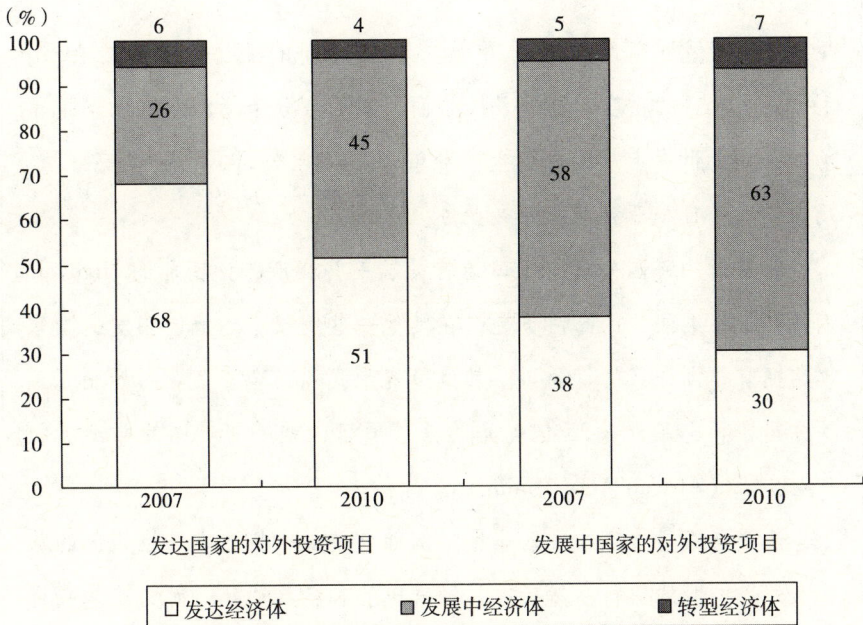

图4.4　发达国家和发展中国家对外投资项目的分布区域（％）
资料来源：UNCTAD.

资源矿产是新兴经济体国家对外投资的重点领域，这是因为中国、印度、俄罗斯等国家的经济快速增长，资源能源需求量大增。因此，资源能源集中的非洲、拉美等地区，成为新兴经济体国家的重点投资地区。例如，中石油以70亿美元购买巴西Repsol公司股份，印度企业以48亿美元购买委内瑞拉的卡拉沃沃油田，等等。

由于新兴经济体国家发展阶段相似，对外投资的目的地和目标产业也具有较大相似性，因此，某些海外投资项目上会具有一定的竞争关系。一些国际大型跨国公司资金充裕，负债率大大下降，一旦经济好转，随时可以出手大规模投资，争夺国际市场上好的投资机会。

专栏4.1　　　　　　俄罗斯跨国企业加快进入非洲

最近，俄罗斯跨国公司开始扩大在非洲的业务。其目的在于：①提高原材料的供应；②进入战略商品新的细分市场；③进入本地市场。例如，世界上最大的铝生产商俄罗斯铝业公司，已经在安哥拉、几内亚、尼日利亚和南非拓展业务。

俄罗斯的跨国公司已经直接购买了一些资产，如南非的 Highveld 钢钒和布基纳法索的高河黄金；在其他一些例子中，他们在发达国家收购拥有非洲资产的母公司。其他投资形式包括合资企业，如北方钢铁公司在利比亚投资 25 亿美元的铁矿项目，就是与英国的非洲奥拉矿业公司（African Aura Mining）合作的。

俄罗斯银行也正在进入非洲。例如外贸银行将在安哥拉开设的第一家外资控股的银行，然后进入纳米比亚和科特迪瓦；而文艺复兴资本公司获得了尼日利亚最大银行之一的经济银行的 25% 股份，该银行在 11 个非洲国家设有分行。

在南部非洲，俄罗斯矿业公司正在参与开发卡拉哈里沙漠的锰矿（雷诺瓦集团，俄罗斯领先的资产管理公司，已投资了 10 亿美元）。俄罗斯最大的钻石生产商阿尔罗萨，正在纳米比亚建设发电厂和在安哥拉建设水电大坝，后一项目还获得了勘探开采石油和天然气的牌照。

在北非，俄罗斯天然气工业股份公司与利比亚的国家石油公司签署了三个勘探和共同生产协议。在埃及，俄罗斯政府签署了一项民用核能发展协议，允许俄罗斯公司参与竞投核电厂的建设合同。

　　资料来源：摘译自 UNCTAD《世界投资报告》。

4. 一些国家吸引投资的新动向

（1）"选择美国"（Select USA）项目和国家投资倡议（National Investment Initiative）。金融危机以后，美国提出重振国内制造业的"再工业化计划"，意图通过扩大对制造业投资，提升美国经济竞争力、扩大就业，恢复经济增长。奥巴马政府认识到了外国直接投资对于美国制造业和经济的重要作用，采取了一系列加强吸引外资的举措。

2011 年初，奥巴马政府成立了就业和竞争力委员会（jobs and competitiveness council），负责提供增加就业和提高美国经济长期竞争力的政策建议。6 月 15 日，奥巴马签署命令成立"选择美国"（Select USA）办公室，并建立了专门网站，向各国投资者说明宣传美国的吸引外商投资政策与优惠政策。"选择美国"构建了一个横跨美国 23 个部委的招商引资工作组，并且充分发挥各州及美国驻海外商务机构的作用，共同合作加强吸引外商投资美国。计划先向占美国吸收外资总额 30% 的前 10 个国家提供更多的资源和人员，以促进这些国家向美国投资。在 2013 年，扩展到 25 个国家，占美国吸收外资的 90%。

2011 年 10 月初，就业和竞争力委员会专门召开会议讨论了吸引外资投资美国的问题。会议由美国国务卿希拉里主持，与会者有通用电气董事长杰弗里·伊梅尔特、柯达公司首席执行官安东尼奥·佩雷兹、UBS 投资银行总裁罗伯特·沃尔夫等。会议强调了吸引外国投资对美国经济和就业的重要性，尤其强调要吸引来自中国、巴西、印度的投资，强调要扩大美国基础设施的投资。该委员会还向奥巴马政府提交了一份五年内吸引1万亿美元外国投资的"国家投资计划"（National Investment Plan）。根据该计划，美国将重点吸引来自中国、巴西和印度等国家的投资，改造和提升美国的交通和能源等基础设施。其主要内容包括：①通过建立"创新投资区"来充分利用当地优势；②建立供应链伙伴关系；③升级"选择美国货"（Select USA）计划，加强"选择美国"计划与美国各州之间的协调，增强美国吸引外资的能力；④改进移民政策，给美国带来新的就业机会；⑤探索税收改革，提升投资于美国的企业的竞争力。预计该计划实施后，美国吸收的外国直接投资虽然不能恢复到2008年时的3280亿美元的水平，但将比过去10年中的1740亿美元的年均规模提高15%，接近于2010年的1940亿美元。该项计划将和奥巴马政府投资4470亿美元创造就业的计划相互配合。

（2）日本等一些国家积极吸引外资。

①日本吸引外资新政策。为应对金融危机和重振经济，日本出台了一系列政策积极吸引外国投资，包括下调外资企业法人税、简化审批审查手续等。根据新政策，从2011财政年度起，日本的公司法人税将从现行的40.69%下调至35.64%，而在日本设立地区总部和研发中心的外国企业将能享受头5年28.5%的优惠法人税率。日本还从2010财年补充预算和2011财年预算中拿出25亿日元补助金，用于支持外国投资者在日本新设地区总部或研发机构。同时，缩短外资公司审批时间，把针对外籍员工的在留资格审查期从1个月缩短至10天。

②其他一些国家积极吸引外资的政策。为吸引投资移民，英国新规定，在英国投资1000万英镑的海外移民，只需要两年就可以拿到英国的永久居留权；投资500万英镑的海外移民，在三年后可以获得永久居留

权。而现行的移民政策是，投资移民需要至少投资100万英镑，至少五年以后才能获得永久居留权。同样，在美国也有议员提议允许向在美国购房超过50万美元的外籍人士发放绿卡。

巴西、印度等国调整政策，吸引外国投资。巴西通过立法取消了原先对外国投资者持股有线电视运营公司不得高于49%的限制；印度将外国投资者控股调频电台的上限从以前的20%上调到26%，同时更加鼓励印度公司在国外投资；塞拉利昂开放了西非地区第一个免税经济区，等等。

四、我国对外投资可能面临的风险

在当前国际投资环境下，各国为了应对金融危机的冲击，普遍欢迎外来投资。总体来看，我国对外投资有很大的机遇。但是，我们更应该看到并且认真对待"走出去"的风险，争取充分把握机遇，获得最大的对外投资收益。我国对外投资面临的风险有商业方面的风险，如汇率波动、市场萧条等，也有文化融合和管理外方人员方面的风险等。这些风险，有些是任何一国企业对外投资都会遇到的，有些则是我国目前阶段对外投资所特有的，后者尤需引起我们的高度重视和应对。现阶段我国对外投资遇到的特有风险包括以下方面。

1. 资源民族主义和民粹主义

资源民族主义是指认为本国资源应该属于本国人民的思潮。其具体表现就是，通过增加税收或者开采权益等方式，从本国资源开发中获得更多利益。资源民族主义可以追溯到20世纪50~60年代的民族国家独立浪潮，国有化本国矿产资源成为新独立的发展中国家的普遍做法。第一次石油危机就是资源民族主义的一次集中表现。21 世纪初的 10 年，国际大宗商品需求旺盛，价格大幅上涨，资源能源富裕国家试图分享价格上涨带来的丰厚利润，纷纷上调采矿业的税负。2008 年的金融危机和大宗商品价格的下跌，使得资源民族主义情绪有所消退，但是，随着近一两年大宗商品价格的再度上涨，资源民族主义思潮再次抬头，尤其是在资源矿产丰富的非洲和拉美地区。例如，非洲的尼日利亚、南非、利比亚、博茨瓦纳、民主刚果和阿尔及利亚等国家，都对外资开发本国矿产或者石油资源提出了新的要求，意图分享更多的收益。澳大利亚、加拿大、新西兰等发达国家也加强了对外资收购或者投资本国矿产资源限制。

2011 年 8 月，安永公司发布了"2011 年度矿业和金属业商业风险报告"，资源民族主义成为全球矿业和金属业公司面临的最大商业风险，见表 4.7。

表 4.7　　　2011 年度矿业和金属业面临的前 10 位的商业风险

风险	2011 年度序位	2010 年度序位
资源民族主义	1	4
技能短缺	2	2
基础设施接入	3	6
经营的社会许可	4	5
资本项目执行	5	—
价格和货币波动	6	9
资本配置	7	1
成本管理	8	3
供应中断	9	—
欺诈和腐败	10	—

资料来源：安永公司网站。

民粹主义强调平民阶层和精英阶层之间的对立，认为平民的利益受到了精英阶层的压制和侵夺。民粹主义最早出现在沙皇俄国，后来在北美和拉美地区也曾广泛传播。在拉美，民粹主义至今仍然产生着重要影响。拉美的民粹主义更加突出保护人民利益的领导人的个人作用，如阿根廷的贝隆、秘鲁的藤森、巴西的卢拉、委内瑞拉的查韦斯等人，都被认为是民粹主义者，或者是由民粹主义思潮造就的领导人。民粹主义的领导人强调保护本国普通民众的利益，包括从本国矿产资源中获得的收益。

2. 战乱和政权更迭

一些国家至今仍然陷于战乱之中，尤其在非洲和个别亚洲及拉美国家。2011 年的利比亚战乱，我国企业损失惨重。据保守估计，我国在利比亚的工程承包项目超过 200 亿美元，至今仍然无法复工。战乱对我国派出的务工人员的人身安全也构成了威胁。据有关媒体的不完全统计，2007 年以来中国海外员工遭袭击和绑架事件有 13 起，集中发生在非洲、亚洲和拉美地区。由战乱引起或者其他原因引起的政权更迭，对一国吸引外资的政策或者对不同国家的投资，造成负面的影响。新的领导人可能因为外国投资者支持原来的领导人而限制其继续投资，造成投资者的损失。例如，2011 年 9 月，萨塔当选赞比亚总统。在萨塔还是反对党候选人时，曾经访问过台湾，并主张限制甚至驱逐中国在赞比亚的投资。赞比亚是我国传统友好国家，中国援助的坦赞铁路为赞比亚的民族独立和经济发展作出了重要贡献。萨塔当选给中赞关系和中国对赞比亚的投资蒙上了一层阴影。2011 年 12 月，赞比亚矿业部部长表示，赞比亚政府将调整矿业领域的政策框架，以促进矿业开采和发展。包括：把矿权税从 3% 提高到 6%；鼓励矿业投资多元化，除铜、钴外重视镍、锌、锰、宝石等其他矿产的开采，以改善矿业出口依赖单一矿产的局面。同时还表示赞比亚政府将一如既往地欢迎外来和本地投资，但要求投资者遵守劳工、环境和土地方面的法律。萨塔当选后也提出要中国企业遵守赞比亚的法律，后来鉴于中赞经贸紧密联系的现实，萨塔表示欢迎中国投资。

最近的例子是南苏丹政府驱逐中马合资石油公司总裁。2011 年，原苏丹分裂成苏丹和南苏丹两个国家。2012 年 2 月，南苏丹政府先是批评"某家中国石油公司帮助北部苏丹劫持南部的石油，并私自出售"，之后宣布以"不合作"的理由驱逐中国和马来西亚合资的"佩特拉达集团"（Petrodar）总裁刘英才。佩特拉达集团由中国石油天然气公司控股 41%，马来西亚国家石油公司控股 40%。

表 4.8　　　　　　　　近年来我国海外员工遭劫持事件

时 间	地 点	所属公司	事 件	结 果
2012 年 1 月	埃及	天津水泥设计院	24 名中国工人及一名翻译被埃及的贝因都人扣留	已获释
2012 年 1 月	苏丹	中水电公司	29 名中国工人在苏丹南科尔多凡州的工地被反政府武装劫持	已获救
2011 年 6 月	哥伦比亚	中化集团	中国中化集团下属公司 4 名中国员工被哥伦比亚游击队绑架	下落不明
2010 年 5 月	也门	中石油	中国石油公司的两名中国安保工人被也门舍卜沃省部族武装分子扣押	已获救
2010 年 1 月	阿富汗	某筑路工程公司	两名中国工程师在阿富汗被绑架	已获救
2008 年 10 月	苏丹	中石油公司	中国石油天然气集团公司的 9 名工人在苏丹西部地区遭武装分子绑架。	5 人死亡，4 人获救
2008 年 8 月	巴基斯坦	中兴公司	两名中国工程师在巴基斯坦西北边境省失踪	已获救
2008 年 6 月	阿富汗	某中资公司	1 名中国员工在阿富汗中部被劫持	已获救
2008 年 4 月	印尼	中国某家矿业企业	7 名中国员工和一名印尼人遭歹徒劫持	2 人被释放，5 人获救
2007 年 7 月	尼日尔	中核集团	一名中国人在尼日尔北部遭到不明身份武装人员绑架	已获救

续表

时 间	地 点	所属公司	事 件	结 果
2007 年 4 月	埃塞俄比亚	某家中资石油公司	设在埃塞俄比亚东南部地区的项目组遭不明身份武装分子袭击并抢劫	9 死 1 轻伤,7 人被绑架已获救
2007 年 1 月	尼日利亚	某家中资石油公司	9 名中国工人被绑架	已获救
2007 年 1 月	尼日利亚	四川通信工程建设公司	5 名中国工人在尼日利亚遭遇武装分子劫持	已获救

资料来源:根据网络材料整理。

3. 某些国家对我国投资的国别歧视、安全疑虑等情绪上升

我国对外投资处于快速增长阶段,是新兴的对外投资大国。国际上对我国对外投资的动机、我国对外投资可能产生的影响等,或因不太了解,或因国别成见,存有疑虑或歧视。一些国家的政客出于自身政治地位和影响力的需要,经常将我国正常的商业性的对外投资行为,说成是经济侵略、政治渗透、国家威胁等等,导致我国企业对外投资经常受到种种非经济因素干扰,破坏了正常的商业活动。我国国有企业对外投资遇到这种国别投资歧视,尤其严重。例如,2005 年,我国中海油收购美国优尼科公司被美国国会否决。一些民营企业甚至个人在海外投资时,也遇到了类似的政治干扰,如吉利收购瑞典沃尔沃时,一些瑞典舆论指责这一纯粹的商业行为是"经济侵略"、"别有用心"等;2010 年,我国民营企业家、中坤集团董事长黄怒波计划投资约 880 万美元买下 300 平方公里的冰岛土地开发旅游度假项目,被冰岛政府拒绝,其重要原因就是黄怒波是一名中共党员、曾任职于中宣部和建设部;2012 年 2 月,我国民营企业鹏欣集团计划斥资 2 亿美元收购新西兰 Crafar 农场,受到了当地同样想收购该农场的财团的抵制。当地财团出不了更高的收购价格,就以"新西兰的农场必须掌握在新西兰人手中"这样的非经济性理由上诉到当

地法院，法院裁决要求政府重新审核该项交易。

4. 跨太平洋伙伴合作计划（TPP）的可能影响

跨太平洋伙伴合作计划（简称 TPP）是美国提出的亚太地区的区域经济合作计划。TPP 协议涵盖多个经贸合作领域的自由化与合作，包括投资。由于 TPP 成员国能够获得进入美国、日本等发达地区市场的机会，并且其中的一些成员国劳动力成本低、也在实行积极的吸引外资政策，因此，预计将会对 TPP 成员国以外的外资具有较强的吸引力，尤其是劳动力密集型产业的投资。我国对外投资需要做好两方面准备，一方面，TPP 成员国可能会成为吸引国际直接投资的热点区域，应该加强对 TPP 成员国的投资环境的研究；另一方面需要研究 TPP 成员的投资对我国在非 TPP 成员国地区的投资可能的影响，因为我国在非 TPP 成员国的投资在与 TPP 成员国的投资争夺市场时，可能会面临不利的竞争条件。

五、我国对外投资的目标与战略

1. 我国对外投资的目标

我国对外投资总的目标应该是建立起我国的全球化生产供应体系，将国内的产业链向国外延伸，在全球范围内形成原料供应、设计研发、生产制造、市场拓展的生产供应链网络，充分运用国内国际两种资源、两个市场，实现我国经济的稳定和可持续增长。

（1）巩固和扩大世界市场份额。我国对外贸易快速增长，产品出口竞争力不断增强，占有的国际市场份额日益扩大，但同时也成为国际贸易保护的最大受害者。自 WTO 成立以来，我国连续十几年一直是遭遇反倾销调查最多的国家，每年受到影响的出口额达到数百亿美元。不仅发达国家，而且发展中国家也频频对我国出口产品发起反倾销调查。我国产品扩大国际市场占有率的步伐受到了牵制。除了反倾销反补贴等传统贸易保护措施以外，低碳绿色、环境健康等技术性贸易壁垒也日渐成为发达国家限制、阻碍我国产品出口的手段。

通过对外直接投资，在市场所在地或者与市场所在地签有优惠贸易协定的地区生产，可以获得以下优势：第一，避开各种贸易保护壁垒，直接在当地销售，巩固和扩大当地市场份额；第二，对外投资能够带动我国设备、半成品和零部件以及其他原材料出口，增加我国出口途径；第三，通过在东道国的并购或投资建厂，建立起自己的国际销售渠道并获取下游服务业的增值收益，例如，联想集团通过并购 IBM 的 PC 部门，获得了其在北美地区的销售渠道；第四，通过对外投资生产经营，直接深入当地市场，能够迅速准确地掌握当地市场信息和趋势，既可以生产适合当地市场的产品，也可以将市场信息及时反馈给国内母公司，生产适销产品出口到当地市场，减少生产经营中的盲目性，防止资源浪费和错失市场机会。

（2）获取和整合全球资源的有效途径。随着中国经济的快速发展和工业化、城镇化的加速推进，对资源能源的需求也迅速增加。受自然条件限制，我国自身的资源已经不能满足经济发展和人民生活的需要，资源能源和部分农产品的对外依存度日益增加，石油、铁矿石等大宗商品的进口依存度已经超过了 50%。这些战略性资源产品的大量进口需求，除了需要通过一般的进口贸易来扩大供给以外，扩大海外投资、获取资源能源矿藏的开发权益，是重要的保障供应的渠道。中国企业已与 30 多个国家建立资源能源长期合作关系，与俄罗斯、哈萨克斯坦、沙特、苏丹、澳大利亚、印尼等国的大项目和中长期合作取得突破，在西欧、北非、南美、东南亚、中亚—俄罗斯等海外战略区域建立了年产百万吨以上的原油生产基地，例如，中石油收购加拿大 PK 石油公司，中信集团投资加拿大内森斯能源公司再收购哈萨克斯坦卡拉赞巴油田 94.6% 的权益，中石化以 22 亿美元价格收购美国德文能源公司在美国内布拉斯加奈厄布拉勒、密西西比、尤蒂卡俄亥俄、尤蒂卡密歇根和塔斯卡卢萨 5 个页岩油气资产权益的 1/3，等等。中国企业还在境外投资于铁、铜、铝、铬、锌等矿种。另外，中国企业在境外开展森林资源合作开发、渔业合作也取得成效。

关键技术、前沿技术、高端技术等也是我国经济发展所亟需的稀缺资源。通过对外投资，尤其是在发达国家投资并购具有先进技术的企业，或者与其合资合作经营、联合研发等，是获取技术的有效途径。通过合资合作，还有助于学习和获取其在本国或者其他市场上的经营管理方法和市场渠道等商业资源，增强我国企业的竞争力。例如，上工集团收购了在世界工业缝纫机领域排名第三的德国 DA 公司，技术水平得到了大幅提升；华为在印度、美国、瑞典等设立研发中心，整合全球研发资源，提高自身的核心研发能力等。

（3）提高跨国经营能力，培养我国的大型跨国企业。扩大对外投资，直接在市场当地生产和经营，对于提高我国企业跨国整合生产、研发、营销、融资、人员、税务等经营性资源的能力、增强国际化经营能力，是一个巨大的考验，也是一个必经的和最有效的途径。这将直接培育和形成一批我国的跨国公司群，提升我国经济的全球竞争力和影响力，助推我国经济由大转强。例如，海尔、联想、华为、中兴、TCL、吉利、海信、中海油等一批企业正在成长为真正意义上的跨国公司，已经逐步树立了自己的国际品牌和形象。

（4）促进国内产业结构升级。对外投资对国内产业结构调整和升级的促进作用体现在三个方面。

第一，可以将国内部分产能过剩、资源环境压力大、国内市场逐渐饱和、已经或者即将要失去比较优势的产业向外转移，使沉淀在这些产业中的资产、技术能力、人员、渠道等，在国外市场进一步挖掘和发挥其价值，为国内母公司和经济增长继续作出贡献。

第二，通过获取关键技术，提升国内产业的技术水平，提高效率、增强竞争力，降低环境污染和能源资源消耗，提高可持续发展能力。

第三，加快国内战略性新兴产业的发展。一方面，通过海外并购等途径获取新兴产业发展所需要的关键性技术，节省投入、加快缩小和发达国家的技术差距，在新兴产业领域实现"弯道超车"；另一方面，通过海外投资，可以带动国内新兴产业产品、设备、零部件等的出口，为新兴产业发展拓展市场空间，增强新兴产业发展的推动力。

（5）改变国际收支巨额顺差的局面，降低外汇储备过快增长压力。通过对外投资，能够直接对外输出资本和带动银行贷款等资金流出；对外投资企业在东道国购买的资源能源和关键技术设备的进口，能促进进出口贸易趋于均衡发展；海外企业经营所需资金能够留在当地或者国际经济金融体系内运转，无需调回国内，减少了国际收支顺差来源，减轻了外汇储备快速增长的压力和外汇占款对宏观经济调控的干扰。

2. 我国对外投资的战略

（1）我国对外投资的领域选择。

①积极扩大资源和技术获取型的对外投资。资源和技术获取型是我国对外投资的重点领域。我国经济快速增长对保障海外资源能源供应的需求日益加大和迫切。为了保持国家经济长期稳定增长，必须扩大资源开发型对外投资，建立一批海外战略性资源生产供应基地。但是，要注

意判断初级产品国际市场价格的长期走势，避免价格风险。通过投资获取先进技术，是后发国家加快技术追赶步伐、促进本国技术水平提高和产业结构升级的重要途径，应该加大支持力度。

②稳步推进具有比较优势产业的对外投资和追随型的对外投资。我国部分产业具有明显的比较优势和较强的国际竞争力，但是面临着国内产能过剩和市场饱和的问题，而在一些发展中国家则正需要引进和发展这些产业。为我国对外投资企业提供金融、信息、咨询等服务的追随型投资，应该稳步推进。

③积极推动市场拓展型对外投资。市场开拓型投资者主要的投资地为：一是在东欧转型经济体投资设厂，便利进入欧盟市场；二是在墨西哥投资，进入北美市场；三是在欧、美并购具有品牌或销售渠道的同类企业；四是在一些区位条件较好、国内市场大且具有一定的区域市场辐射能力的发展中国家投资，面向发展中国家市场；五是在一些与发达市场有着特殊贸易安排或可享受普惠制的低成本国家投资建厂，以此为基地进入发达国家市场；最后是在目标市场建立营销网络，如在俄罗斯可以考虑投资建设连锁经营的分销终端，如大型超市；在成熟市场应考虑通过并购方式获取已有分销网络①。

（2）我国对外投资的区域选择。

①巩固和扩大对发展中国家的投资。发展中国家是未来增长潜力巨大的市场，也是我国重要的资源能源进口来源。巩固和扩大对发展中国家的直接投资，既能促进当地经济发展和就业，改善当地民生，又能为我国保障海外资源能源供应、拓展市场、创造互利共赢的发展环境。

②抓住机遇，增加对发达国家的投资。受金融危机和主权债务危机

---

① 参见 DRC《中国的对外投资》研究报告。

冲击，发达国家经济在较长一段时间内将处于深度调整和低速增长之中，企业资金链紧张、欢迎外国投资，而技术、资产等经营性资源价格较低，我国应该抓住机遇，寻找我国经济发展需要的技术、设备、经营资源等，投资购并，为我所用。

③积极开展对金砖国家等新兴经济体的投资。新兴经济体国家是世界经济增长的新的重要推动力量，具有较好的工业基础、高素质的人才和劳动力、良好的市场前景，虽然因为市场化程度和国际化程度等还不够，影响了其经济潜力的释放，但是，这也正是我国加快与其合作、扩大在当地市场投资和影响力的有利时机，应该抓紧进入，占领市场先机，赢得当地社会和消费者对我国企业的认同感。

（3）对外投资的方式选择。对外投资方式主要有"绿地"投资（即新建投资）、并购、独资、合资等，对不同地区、不同目的的投资，应该相应采取不同的投资方式。

①技术和经营资源寻求型的投资，应该以并购与合资为主。通过并购、合资，直接获取关键性技术和经营性资源，或者能够获得其使用权，就可以节省研发投入和时间，加快提高技术水平。

②比较优势导向型和市场拓展型投资应以新建或者合资为主。由于我国企业具有比较优势，因此，通过新建或者与当地企业合资，通过当地生产经营，直接打入当地市场；也可以利用当地合资者已有的经营资源，或者利用当地吸引外商投资的优惠政策，更快更高效地赢得市场优势。

③自然资源寻求型的投资应以合资为主。这种合资可以是和当地企业、政府合资合作，也可以是和跨国公司合资合作，联合开采开发自然资源，收益共享、风险共担。

本章执笔：许宏强

第五章

国际货币体系的演变与中国的战略

国际货币体系（International monetary system）是指国际支付的规则和机制。它主要包括以下几方面内容：各国的汇率制度及对外汇市场的干预；各国货币的兑换性和对国际支付所采取的措施，如对经常项目、资本金融项目的管制规定；国际货币金融事务协调机制或监督机制的建立，以维护国际收支平衡和国际金融稳定；国际储备资产的确定，等等。从19世纪后期开始，国际货币体系先后经历了金本位制、布雷森林体系下的金汇兑本位制和布雷顿森林体系瓦解后的"无体系"（non–system）状态①。

布雷顿森林体系瓦解之后，国际社会经历了一系列严重的金融危机，最近的两次分别是1997年的亚洲金融危机和2007年的美国次贷危机。面对金融危机对全球经济的侵害，国际社会改革国际货币体系的愿望越来越强烈。2009年6月26日，联合国192个成员国在"经济与金融危机及其对发展的影响"高级别会议上发表了一份声明，对危机应对进行了广泛的分析，并提出实质性建议，包括缓解危机的短期措施和国际货币金

---

① 布雷顿森林体系瓦解后，关键货币之间实行浮动汇率制，而其他货币与这些核心货币（主要是美元）之间实行钉住汇率，这种状况被戏称为"无体系"安排。

融的长期性结构改革。

历史经验表明，国际货币体系的形成和调整需要国际间的广泛合作。改革开放以来，中国经历了 30 余年的快速发展，经济总量已跃居世界第二，成为世界第一大出口国和第二大进口国。中国与国际货币体系之间的相互影响力日益提高。一方面，中国的汇率制度、储备资产构成、人民币的可兑换性、资本项目开放、金融安全等日益成为国际货币体系的重要组成部分，中国的任何举措都会对国际货币体系产生不容忽视的作用；另一方面，中国对国际货币体系的依赖程度迅速提高，中国经济的平稳发展越来越依赖于国际货币体系的健康和稳定。在新一轮国际货币体系的调整中，中国正经历着从规则的接受者向讨论参与者的角色转换。如何更好地发挥作用，为创造更加健康稳定的货币体系作出贡献，是中国当前正在思考和研究的重要议题之一。

本章将从中国的视角来考察国际货币体系的形成、发展和调整问题。本章包括五个部分：第一部分主要对国际货币体系的发展历史进行了简单回顾；第二部分总结了国际货币体系的基本特征与要求；第三部分探讨了国际货币体系改革和未来走向问题；第四部分主要分析了中国在当前国际货币体系中的定位和作用；最后一部分是结论。

一、国际货币体系的发展历程

尽管国际货币体系自有货币充当跨境交易媒介之日起就存在，但关于国际货币体系历史的研究一般从 19 世纪后期金本位制的确立开始。根据汇率形成机制，国际货币体系的形成和发展大致可分为以下三个主要阶段：金本位制、金汇兑本位制和混合汇率制。梳理历史，有助于我们把握国际货币体系的发展规律。

1. 金本位制：19 世纪 80 年代～20 世纪 30 年代

金本位制始于 1880～1890 年的某个时期。在金本位制下，货币价值按照其黄金等价物来确定。各国货币都有各自的含金量，汇率由黄金平价确定，属于固定汇率制。黄金是最主要的国际储备，当时的金币可以自由铸造、自由兑换，黄金也可以自由输出入。国际间支付的原则和结算制度是统一的，国际上没有一个公共的国际组织对国际支付进行规范和监督。

第一次世界大战期间，各国严格限制私人黄金流动，鼓励私人持有者将黄金卖给政府，动摇了金本位制的基础。战后，在美国、英国的带动下，恢复了金本位。到 1926 年，有 36 个国家实行了金本位①。与战前相比，这一时期的金本位难以维持。金币几乎从流通领域消失。政府将黄金集中到中央银行的金库，有些国家更是耗光了黄金储备。随着大萧条的出现，各国从 1929 年下半年开始放弃金本位制。美国是最后一个放弃的国家。1938 年美国放弃金本位标志着金本位制正式退出了历史的舞台。

2. 金汇兑本位——布雷顿森林体系：1944～1973 年

第二次世界大战即将结束时，各国都强烈要求建立一个在相互合作基础上的国际货币体系。在 1944 年的布雷顿森林会议上，确立了美元与黄金挂钩（35 美元＝1 益司黄金）、各国货币与美元挂钩、以美元为中心的国际金汇兑本位制。各国有义务维持其货币与美元之间的汇率平价，使其波动幅度不超过 1%。美国准许各国政府或中央银行随时按官方价格

---

① 巴里·艾肯格林（Barry Eichengreen）著，彭兴韵译：《资本全球化：国际货币体系史》，上海人民出版社 2009 年版，第 60 页。

向美国兑换黄金。这是国际社会首次通过协议确立货币安排，而不是像之前金本位制度下，一国的货币决策约束了他国的选择，从而自发地形成了相似的货币安排。

布雷顿森林体系于1971年开始解体，当时美国总统尼克松宣布美国停止美元与黄金的兑换。布雷顿森林体系难以维系的主要原因在于无法有效化解特里芬难题。以美元为中心的国际货币制度一方面要求美元价值维持稳定，另一方面要求美国大量输出流动性，解决全球交易的支付需求。罗伯特·特里芬（Robert Triffin）发现：如果美国国际收支保持顺差，则国际储备资产不能满足国际贸易发展的需要，形成"美元荒"；如果美国国际收支逆差，则容易引起美元贬值，发生美元危机，形成"美元灾"。事实上，美国从19世纪50年代起国际收支出现逆差，国际市场上美元大量过剩，不断侵蚀着人们对美元作为储备货币的信心。到60年代末，美国的对外美元负债远远大于它的黄金存量。美元贬值的压力导致其他国家对黄金需求的增加，最终引发了布雷顿森林体系的崩溃。1971年末，美元兑黄金比价从每盎司35美元调整到38.02美元。1973年3月，主要货币开始浮动。

3. 混合汇率制——布雷顿森林体系后：1973 年至今

布雷顿森林体系瓦解后，国际货币体系进入了不断改革的阶段。1976年IMF通过《牙买加协定》，确认了布雷顿森林体系崩溃后浮动汇率制的合法性，继续维持全球多边自由支付原则。现实中，各国根据自身的发展需要选择汇率制度，欧、美等发达经济体之间实行浮动或管理浮动汇率制，而发展中经济体多数选择钉住汇率制度。与此同时，欧元区、清迈协定等区域性货币安排，进一步增加了国际货币体系的多样性。虽然美元的国际本位和国际储备货币地位遭到削弱，但其作为国际货币的中心地位仍无可替代，很多国家都选择钉住美元。

对于当前的汇率制度，有人称之为准固定汇率制（quasi fixed – re-gime），有人倾向于冠之为管理浮动制，还有人将亚洲国家的固定汇率制及其与美国的经贸关系定义为布雷顿森林体系 II，而本研究将之定义为混合汇率制。当前汇率制度名称的无法统一反映了当前的国际货币体系的"无体系"特征。蒙代尔曾明确指出：从严格意义上讲，我们今天不存在任何国际货币体系。每个国家都自行其是，各搞一套①。随着金融全球化的发展，该体系所固有的诸多矛盾日益凸现。国际储备的多元化、汇率的浮动，加剧了国际货币格局的不稳定性、国际金融市场的动荡和混乱，造成国际热钱大量泛滥、国际金融危机频发。而国际监督、调解和救助机制却不能适应形势的新变化，无法从根本上解决上述矛盾。国际货币体系亟待改革。

二、国际货币体系的主要特征

纵观国际货币体系的发展历史，我们看到了其中的明显变化，包括主要储备货币由英镑、黄金变为美元，汇率制度由固定转为管理浮动，监督协调机制由自发变为协定等，但变化背后的一些规律性因素，仍然主导着国际货币体系的发展。

1. 为国际贸易和投资服务是国际货币体系的根本目标

保障国家间贸易和投资产生的支付需要是国际货币体系的根本目标。

---

① 蒙代尔著，向松祚译，张之骧校：《国际货币：过去、现在和未来》（蒙代尔经济学文集第六卷），中国金融出版社 2003 年版，第 119 页。

通过这一目标的实现，国际货币体系有助于使各国在全球范围内有效配置资源，促进世界经济稳定、有序地发展。为此，各国政府或自发，或通过协议建立适合国际支付需要的汇率机制和储备制度，协调各国经济政策，应对国际收支恶化、债务危机、货币危机等各类金融危机事件。

在世界经济的不同发展阶段，国家间贸易和资本流动产生的国际支付需要是有所变化的。国际货币体系以往的调整可以视作是对这种变化的反应。19世纪80年代至20世纪初，金本位制下，各国的汇率保持稳定，平稳地促进了国家间贸易和资本流动。黄金的跨国流动可以自发地调节国际收支平衡。当一国拥有大量顺差时，黄金流入大于流出，该国国内货币供给增加，物价水平提高，影响出口竞争力，出口下降，进口增多，最终国际收支恢复平衡。当时金本位可行的一个重要原因在于，国际贸易和投资的规模与现在相比十分有限，黄金的有限供给对国际交易的限制不明显。一战的爆发中断了正常的国际经济往来，参战国倾向于将黄金控制在自己手里，以满足不断增加的军事支出需要。

二战后，各国恢复国际贸易的愿望非常迫切。布雷顿森林体系所维护的固定汇率制，在一定程度上满足了这一迫切需要。那时各国也愿意限制资本流动，以换来汇率的稳定。

随着各国经济的恢复，资本管制开始放松，金融自由化和全球化步伐加快，国际间资本流动的规模迅速扩大。在这种情况下，继续维持固定汇率显然是不明智的。虽然布雷顿森林体系的崩溃多归因于特里芬难题，但国际资本流动规模的扩大也大幅提高了维持固定汇率的难度。在充斥着大量国际游资的今天，实行钉住汇率的国家更容易受到冲击是不争的事实。任何改革国际货币体系的举措，必须考虑国际贸易和投资的现实需求和发展趋势。

2. 国际货币体系中的国别层级规律

各国在国际货币体系这个机体中是有层级的。根据对国际货币体系影响力的强弱，本研究将各国分为三个层级①：中心国家，核心外围和外围经济体。其中，中心国家对国际货币体系拥有决定性的影响力，决定着国际货币体系的走向。中心国家的国家实力强大，其货币是主要储备货币，其汇率制度被核心外围国家跟随，如金本位时的英国和金汇兑本位之后的美国。核心外围在国际货币体系中拥有不容忽视的影响力，因为缺少这些国家的支持，中心国家很难维持住以其为核心的国际货币体系。核心外围经济体的实力很强，货币也是储备货币之一，汇率制度与中心国家保持一致，如金本位时的法国、德国、俄罗斯和当前的欧盟。外围国家是国际货币体系规则的接受者，对国际货币体系的影响很小。外围国家的经济实力不强，货币被作为储备货币的情况几乎没有，汇率倾向于钉住中心国家或核心外围国家的货币，如众多发展中国家（参见表 5.1）。

表 5.1　　　　　　国际货币体系中的国别层级及主要特征

	对国际货币体系的影响力	储备货币	汇率制度	举例	
				金本位	当前
中心国家	决定性	主要	引领	英国	美国
核心外围国家	不容忽视	之一	跟随	德、法	欧盟
外围国家	较弱	极少	钉住	发展中国家	发展中国家

在国际货币体系中，中心国家是绝对的核心。而且根据国际货币体系以往的发展经验，中心国家是唯一的。到目前为止，还没有长时间出

---

① 在其他研究中通常只有中心或核心国家和外围国家两级。随着全球化的发展，参与国际货币体系的国家越来越多，维持国际货币体系的稳定越来越困难，那些以往被忽视的更外围国家的作用正在提升。因此本研究将国际货币体系中的国家分为了三个层级，以更全面地反映现实。

现过多中心的情况。在金本位制下，英国是中心。金本位制始于英国。英国在 1717 年偶然地采用了金本位①。1816 年 6 月 22 日，英国颁布法律宣布，黄金是唯一的价值计量标准②。由于英国在工业革命后成为世界金融和商业的领导力量，对于那些与英国进行贸易、从英国借款的国家而言，英国的货币实践就越来越成为合乎逻辑的选择（艾肯格林，2009）。德、法、美等国逐渐放弃了复本位制，成为金本位制的一员，而且在英国银行体系出现危机时施以援手，以维持金本位制。英镑是当时官方机构持有的主要外汇资产。1913 年末官方机构持有的英镑合 4.25 亿美元，占所有官方机构外汇资产的 38%③。

二战以后，美国通过布雷顿森林协定，替代英国成为中心国家。布雷顿森林体系的崩溃也没有改变这一局面，美元仍然是主要的官方储备货币。此次金融危机后，各国持有的美元外汇储备虽然有所减少，但在官方外汇储备中的占比仍然超过 60%（参见表 5.2）。

一国货币取代另一种货币成为中心货币，需要实力、时机和必要的支持。国家实力只是必要条件，而非充分条件。因为存在网络外部性，一国货币一旦取得了国际货币体系中心位置，就很难被取代。美元取代英镑是在美国经济总量超过英国的半个多世纪之后。二战打乱了已有的货币秩序，给美国带来了难得的时机。而且战后各国的经济恢复仰仗美国的支援，支持美国主导的国际货币体系理所当然。

---

① 当时，艾撒克·牛顿（Isaac Newton）在任职铸币厂厂长时，将黄金换白银的价格定得太低，导致银币从流通中消失。

② 威廉·恩道尔著，赵刚、旷野等译，欧阳武校译：《石油战争》，知识产权出版社 2008年版，第 2 页。

③ 巴里·艾肯格林（Barry Eichengreen）著，彭兴韵译：《资本全球化：国际货币体系史》，上海人民出版社 2009 年版，第 60 页。

表 5.2 官方外汇储备的货币构成（%）

	2006	2007	2008	2009	2010
美元	65.7	64.1	64.1	62.1	61.4
欧元	25.2	26.3	26.4	27.6	26.3
英镑	4.2	4.7	4.0	4.3	4.0
日圆	3.2	2.9	3.1	2.9	3.8
瑞士法郎	0.2	0.2	0.1	0.1	0.1
其他	1.5	1.8	2.2	3.1	4.4

资料来源：IMF, Currency Composition of Official Foreign Exchange Reserves, http://www.imf.org/external/np/sta/cofer/eng/cofer.pdf.

核心外围和外围经济体的界限也不是一成不变的。随着经济全球化的深化，越来越多的经济体进入到国际货币体系当中。在金本位之下，国际货币体系在全球的覆盖范围大大小于现在。而随着国家实力的提升和国际形势的变化，外围经济体中也存在成为核心外围的可能，如新兴经济体近年来对国际货币体系的影响力在不断提高。

图 5.1 显示了国际货币体系国别层级的动态调整过程。

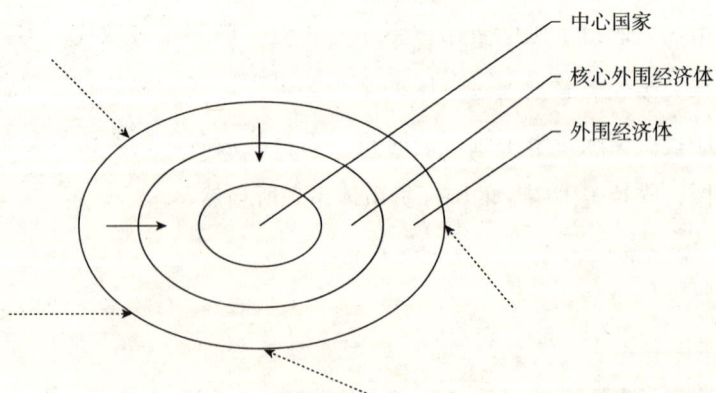

图 5.1　国际货币体系国别层级的动态调整示意图

3. 国际协作是国际货币体系健康运行的保证

虽然国际货币体系由中心国家主导，但广泛的国际协作必不可少。国际货币体系对国际协作的需求，源于各国在国际收支方面的相互依存。一国的贸易顺差，是他国的逆差；一国吸引的资本流入，是他国的流出。脱离国际协作讨论国际货币体系的稳定和健康是不切实际的。

在金本位制下，虽然没有国际协定来约束各国的协作行为，但现实情况是，国际协作发挥了积极的作用。1890 年英国巴林银行因阿根廷政府债务陷入无法清偿的困境，引起英国的信用危机。有迹象表明，当时的英国可能不得不在银行体系和货币与黄金的可兑换性之间作出选择。法兰西银行和俄罗斯国家银行的援助，让英国克服了这种进退维谷的困境。艾肯格林指出：金本位的生存依赖于各国中央银行与政府之间的精诚合作[①]。

二战以来的情况更是如此。在全球化背景下，国际交易的规模越来越大，涉及的国家越来越多，这都需要国际货币体系在保障国际交易支付、维持金融稳定、防止金融危机方面发挥更有效的作用，但这也意味着实现上述目标的难度越来越大。发挥好国际货币体系的作用，关系到所有国家的利益，需要各国的共同努力。

三、金融危机之后的国际货币体系

每次金融危机之后，都会出现关于国际货币体系改革的大讨论。此次金融危机由国际货币体系的中心国家——美国首先爆发，对全球经济

---

① 巴里·艾肯格林（Barry Eichengreen）著，彭兴韵译：《资本全球化：国际货币体系史》，上海人民出版社 2009 年版，第 28~31 页。

造成巨大冲击，波及面之广，前所未有。国际货币体系改革比以前任何时候都更加迫切。当前，各个层面都在讨论一个什么样的国际货币体系才是稳定的。IMF 建立了改革国际货币体系（Reforming International Monetary System）网站，内容包括全球失衡、资本流动、全球储备体系、全球金融安全网络和救助及政策协调。

毋庸置疑，我们需要一个稳定的国际货币体系，既能满足国际交易的支付需求，又能避免和有效化解金融危机；既能保持全球化势头，又能获得全球平衡。为此，各国应加强合作，重点推进汇率制度、储备货币、金融安全和救助方面的改革。

1. 储备货币：多元化还是超主权

由于其固有的流动性和信任之间矛盾，以美元为中心的国际货币体系被普遍认为是造成布雷顿森林体系崩溃后金融市场不稳定、发展中经济体超额储备、国际收支失衡等问题的主要原因之一。当前，在改革储备货币方面，构建超主权储备货币的呼声渐高。与各国以往储备货币多元化的现实做法相比，构建超主权储备货币是个更为理想的选择。

超主权储备货币的主张并不新。早在 1930 年，凯恩斯在其著作《货币通论》中就已经提出过；在布雷顿森林协定讨论期间，他也曾提出建立国际货币单位"Bancor"的设想。超主权储备货币的好处是明显的，它不仅可以克服主权信用货币的内在风险，而且使调控全球流动性成为可能。

但超主权储备货币构想的实施难度巨大。设立国际货币的最大障碍在美国。恩道尔指出，美元是美国创造"美国世纪"①的两根支柱之一

---

① "美国世纪"由《时代》周刊创始人亨利·卢斯（Henry Luce）于 1941 年首先提出。他认为，美国的经验是未来的关键，美国将是国际社会中的老大。"美国世纪"后来被用来描绘美国在 20 世纪的多数时间里在政治、经济和文化领域的主导地位。

（另一根支柱是军事力量）。美国在维护美元国际货币地位方面不遗余力。这也是为什么 IMF 在超主权储备货币"Bancor"提出后半个世纪才创设了特别提款权（下称 SDR）。而且受分配机制和使用范围的限制，SDR 的作用至今仍十分有限。

未来，美国有可能放弃对美元作为国际储备货币这一支撑吗？斯蒂格利茨认为现在是个很好的机会。他指出目前的危机为清除妨碍新全球货币体系的政治阻力提供了一个理想的机会。因为美国或许会发现其储备货币地位所需的代价越来越大，也越来越不稳固。美国和外汇储备持有国都可能会觉得引入新体系是可以接受的[①]。

斯蒂格利茨的观点只是说明了可能性，现实中的可行性依然有待时间检验。美元国际储备货币地位是美国战略的重要组成部分。要一个相信"如果你控制了货币，你就控制了整个世界"（基辛格语）的国家放弃对货币的控制，谈何容易。任何国际货币体系的改革方案，如果没有美国的支持，将会止步于讨论阶段。正如蒙代尔所说，没有美国的积极参与，谈论国际货币改革就是一句空话[②]。对于国际货币体系的众多外围国家而言，短期内最为现实的选择是继续推动储备货币的多元化，与此同时加强 SDR 的作用。这样的方案更容易让美国接受，并且获得进展。长期而言，国际社会还是要继续说服美国认可超主权储备货币的主张。因为这对大家都有利。

2. 汇率制度：固定还是浮动

每当金融危机爆发时，就会有很多人怀念金本位制下低通胀、经济

---

① 约瑟夫·E·斯蒂格利茨著，江舒译：《斯蒂格利茨报告：后危机时代的国际货币与金融体系改革》，新华出版社 2011 年版，第 204～205 页。

② 蒙代尔著，向松祚译，张之骧校：《国际货币：过去、现在和未来》（蒙代尔经济学文集第六卷），中国金融出版社 2003 年版，第 131 页。

稳定增长、国际收支自动调节的美好时代。事实上，金本位制下也有危机，但危机相对容易控制。在全球化已经几乎遍布世界每个角落的今天，回到金本位制已经不可能了。那样只会带来全球通货紧缩。

而在以美元为中心的国际货币体系中，维持固定汇率制也被历史证明难以为继。1973 年布雷顿森林体系崩溃时，核心外围经济体选择了汇率浮动。但这也并不意味着浮动汇率制就优于固定汇率制。完全浮动的汇率会阻碍国际贸易的发展，加剧国际金融的动荡。

当前的形势虽然不允许国际货币体系回到固定汇率制下，但我们可以通过国际合作不断改善条件，争取最大限度地防止汇率的剧烈波动，及其对世界经济的冲击。首先，应努力实现联合国"千年目标"，缩小外围经济体与核心外围和中心国家之间在经济发展程度上的差距。欧元区的经验表明，经济发展水平相近、货币政策目标相似的经济体之间，更容易维持汇率的有限波动。而且外围经济体的经济健康稳定，可以大大降低其遭受国际游资冲击的可能。其次，应建立全球资本，尤其是短期资本跨境流动的信息互通共享机制，以及应对国际游资的国家间联动机制。鉴于国际游资的危害性，加强提前预防和事后应对方面的国际合作，对维护汇率稳定非常必要。第三，应帮助新兴经济体建立高效的投机性短期资本流动控制机制。新兴经济体正处在经济快速发展时期，更应注重防范投机性短期资本的冲击。斯蒂格利茨认为，如果当局在经济繁荣时期允许资本激增以获得迅速的汇率升值和经常账户赤字，那么结果几乎肯定就是国际收支差额危机，同时随之而来的就是国内金融危机。他指出，当经济繁荣主要是以投机性短期资本流入的形式存在时，这个问题就显得尤其严峻[①]。

---

① 约瑟夫·E·斯蒂格利茨著，江舒译：《斯蒂格利茨报告：后危机时代的国际货币与金融体系改革》，新华出版社 2011 年版，第 198 页。

3. 金融安全与救助：集体还是独自作战

维护金融安全、救助危机中的成员国是国际货币体系的一项重要职能。但是现有的国际货币体系在执行这一职能方面的历史成绩难以尽如人意。无论是使用"休克疗法"对待转轨中的东欧，还是牺牲危机国家的发展利益救援金融危机中的东亚，国际货币体系维护金融安全和应对危机的能力备受质疑。面对这种局面，一些外围经济体选择了"自我保险"，即保有大量的外汇储备。图5.2显示了1996年以来全球和新兴经济体外汇储备的变化情况。亚洲金融危机以来，外汇储备迅速上升，其中绝大多数是由新兴经济体实现的。

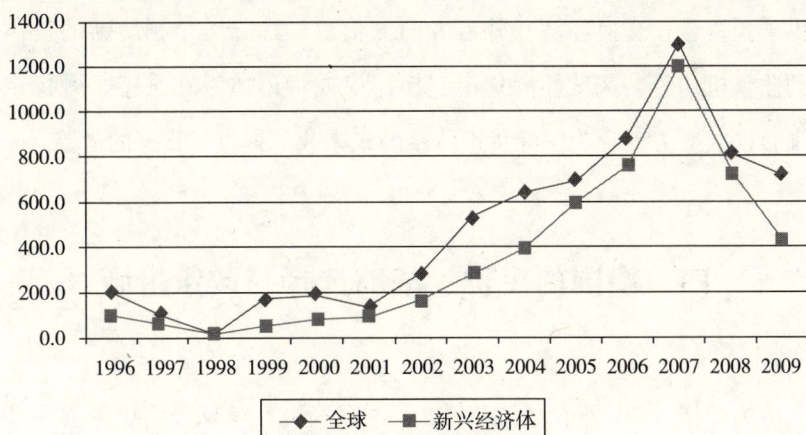

图5.2　全球与新兴经济体：外汇及其他储备示情况（1996～2009，单位：百万美元）
数据来源：CEIC.

"自我保险"的途径之二是贸易保护主义。自危机以来，虽然各国都在呼吁抵制贸易保护主义，但"反倾销"、"反补贴"案例却在不断增多。根据WTO的《金融和经济危机及与贸易有关的进展报告》，2008年9月至2009年3月，WTO的24个成员国共采取了211项贸易以及与贸易相关的救济措施。作为世界第一大出口国，中国成为国际贸易保护主义的重灾区。2009 年，各国和地区对中国出口产品启动的贸易救济调查高达 127 起。

显然，无论哪种"自我保险"均不利于国际贸易和投资的发展，当务之急还是要发挥国际货币体系"集体保险"的作用，减少新兴经济体的超额外汇储备，坚决抵制贸易保护主义。这样才能扩大全球总需求，使全球经济摆脱危机。任何积累外汇储备或贸易保护主义的措施都会降低全球总需求，妨碍对危机作出迅速响应（斯蒂格利茨，2011）。

在全球性"集体保险"难以短期内获得明显改善的情况下，一些区域性的"集体保险"开始构建，如亚洲金融危机之后出现的"清迈协议"。根据该协议，成员国在本地区发生短期资本急剧流动等情况下相互提供干预资金；交换经济和外汇方面的信息；建立一个预防新的货币危机的监督机构等。区域性的货币互换协议或货币体系在维持金融稳定和提高救助效率方面，为国际货币体系的未来改革提供了很好的借鉴。

四、中国的定位、战略选择与政策措施

因为保持了 30 余年的高速增长，中国经济在全球经济中的表现非常抢眼。中国在国际货币体系中的地位正在发生变化。这一变化虽不会挑战现有的国际货币体系，但势必为国际货币体系的未来发展注入新的元素。

1. 中国正在由外围经济体向核心外围转变

随着经济实力的提升，中国在国际货币体系中的层级正在发生变化，由外围经济体向核心外围转变（如图 5.3 所示）。这意味着中国正在摆脱单纯的国际货币体系规则接受者身份，对国际货币体系的影响力在逐步提高。中国的这种转变不会改变国际货币体系的现有架构，因为国际货币体系的主导权依然掌握在中心国家——美国手中。而且由于资本项目存在严格管制、人民币国际化刚刚起步、国内金融市场尚不发达等原因，中国对国际货币体系的影响力仍很弱。

但是，作为国际货币体系的一分子和最大的发展中国家，中国的这种转变本身就意味着一种进步。中国地位的提升为国际货币体系未来发展注入了新的活力。

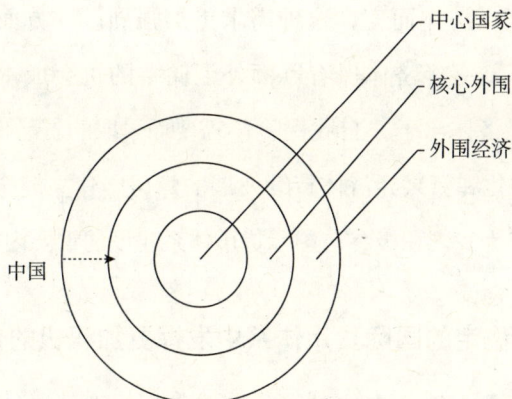

图 5.3 中国在国际货币体系中的角色变化示意图

2. 我国参与国际货币体系的战略选择

（1）支持国际货币向以美元为主的多元化方向发展。超主权货币虽然在促进国际贸易方面所能发挥的作用要远远优于众多国际货币存在、各主要货币汇率浮动的情况，但实现超主权货币的难度异常巨大，时机并不成熟。国际货币体系在很长一段时间内仍会以美元为主，但国际货币多元化的趋势也会越来越明显。人民币成为国际货币既是这一趋势的主要内容，也是我国积极参与更加稳定的国际货币体系建设的主动选择。

（2）在保持稳定的前提下，支持汇率的有序变动。保持汇率稳定符合绝大多数国家的利益，但在缺乏对国际游资有效监管的情况下，维持固定汇率的风险巨大，成本高昂。在我国宏观经济前景看好的情况下，逐步推动人民币汇率在有管理的浮动汇率制度下的有序变动，同时维持汇率的相对稳定，可以很好地满足我国进一步扩大对外开放、实现加快发展方式转变、提升人民币影响力的需要。

（3）支持"集体保险"制度的进一步完善，降低"自我保险"规模。国际社会的持续发展需要加强对金融风险的"集体保险"。对于包括我国在内的新兴经济体而言，这种需求更加强烈。一方面，在当前的外汇储备规模下，新兴经济体保有巨额外汇储备的机会成本越来越高；另一方面，发达经济体出于"自我保险"需要而采取的贸易保护主义，越来越成为阻碍全球化和新兴经济体持续发展的障碍。建立健全有效的"集体保险"制度应成为我国积极参与国际货币体系建设的重要内容之一。

3. 在建设稳定的国际货币体系中发挥更加积极的作用

出于对外贸易和境外直接投资的未来发展需要，中国同世界其他国家一样，甚至拥有更强的愿望，希望能够建设稳定的国际货币体系。在国际事务上，中国向来秉承互利共赢理念，积极推动国际合作。而这正是国际货币体系改革所需要的。为此，中国应该在四个方面作出更大的努力。

首先是要保持经济的稳定发展。经济规模的扩大是推动中国在国际货币体系中角色转变的主要力量。中国经济保持稳定，是避免这种转变倒退的根本。

其次要继续推动资本项目的开放。从结构来看，中国资本项目开放存在着"松直接紧间接"、"松流入紧流出"、"松投资紧债务"的特点。

中国对外商直接投资外汇管理一直比较宽松，较少管制；对境内企业对外直接投资的外汇管理不断放宽；对证券投资的外汇管理则是有松有紧，对证券资金流入环节逐步放松管理，而对资金流出管理严格；对外债、对外担保实行计划管理。从资本项目外汇收支管理来看，我国对资本项目的管制依然比较严格，主要措施包括：除国务院另有规定外，资本项目外汇收入均需调回境内；境内机构（包括外商投资企业）的资本项目下外汇收入均应向注册所在地外汇局申请在外汇指定银行开立外汇专用账户进行保留，外商投资项下外汇资本金结汇可持相应材料直接到外汇局授权的外汇指定银行办理，其他资本项下外汇收入经外汇管理部门批准后才能卖给外汇指定银行；除外汇指定银行部分项目外，资本项目下的购汇和对外支付，均需经过外汇管理部门的核准，持核准件方可在银行办理售付汇（具体措施参见表5.3）。

表5.3　　　　　　　　　　　中国资本项目外汇管理措施

资本项目	外汇管理措施
外商直接投资	外商投资企业的资本金、投资资金等需开立专项账户保留；外汇资本金结汇可直接到外汇指定银行办理，其他资本项下外汇收入经批准后可以结汇；资本项下外汇支出经批准后可从其外汇账户中汇出或者购汇汇出；对外商投资企业实行外汇登记和年检制度。
境外直接投资	境内机构进行境外投资需购汇及汇出外汇的，须报所辖地外汇分局/管理部进行外汇资金来源审查（全部以实物投资、援外和经批准的战略性投资除外）；获得批准后，境内投资者须办理外汇登记和外汇资金购汇汇出核准手续；对境外投资实行联合年检制度。
证券资金流入	境外投资者可直接进入境内B股市场，无需审批；境外资本可以通过QFII间接投资境内A股市场，对QFII实行额度管理；境内企业经批准可以通过境外上市（H股），或者发行债券，到境外募集资金调回使用。
证券资金流出	除外汇指定银行可以买卖境外非股票类证券、经批准的保险公司的外汇资金可以自身资金开展境外运用外，其他境内机构和个人不允许投资境外资本市场。目前，已批准个别保险公司投资境外证券市场；批准中国国际金融有限公司开办外汇资产管理业务；国际开发机构在中国境内发行人民币债券试点；推进QDII。

续表

资本项目	外汇管理措施
外债管理	对外债实行计划管理，金融机构和中资企业借用 1 年期以上的中长期外债需纳入国家利用外资计划。1 年期以内（含 1 年）的短期外债由国家外汇管理局管理。外商投资企业的短期外债余额和中长期外债累计发生额之和要严格控制在其投资总额与注册资本额的差额内。所有的境内机构借用外债后，均需及时到外汇局定期或者逐笔办理外债登记。实行逐笔登记的外债，其还本付息都需经外汇局核准（银行除外）。地方政府不得对外举债。境内机构发行商业票据由国家外汇管理局审批，并占用其短贷指标。 境内机构 180 天（含）以上、等值 20 万美元（含）以上延期付款纳入外债登记管理；境内注册的跨国公司进行资金集中运营的，其吸收的境外关联公司资金如在岸使用，纳入外债管理；境内贷款项下境外担保按履约额纳入外债管理，并且企业中长期外债累计发生额、短期外债余额以及境外机构和个人担保履约额之和，不得超过其投资总额与注册资本的差额。
对外担保	对外担保属于或有债务，其管理参照外债管理，仅限于经批准有权经营对外担保业务的金融机构和具有代位清偿债务能力的非金融企业法人可以提供。 已批准中国银行进行全球授信试点；允许境内居民（包括法人和自然人）以特殊目的的公司的形式设立境外融资平台，从事各类股权融资活动；允许跨国公司在集团内部开展外汇资金运营；允许个人合法财产对外转移。

资料来源：作者根据国家外汇管理局网上资料整理。

　　三是应进一步提高人民币汇率弹性，实现人民币可兑换。中国的人民币汇率形成机制不断改进，汇率弹性加大。自 2005 年 7 月 21 日汇率制度改革以来，人民币对美元、欧元和日元等国际主要货币的汇率弹性加大。在此基础上，实现人民币可兑换将有助于人民币在更广泛的空间里发挥货币职能的作用，为国际储备货币多样化作出贡献。早在上世纪末、本世纪初，人民币已经在中国的边境贸易中作为计价结算货币，大大活跃了中国与周边国家和地区的贸易往来。2009 年 7 月以来，中国开始人民币跨境贸易结算试点，在一般贸易中进行尝试。这一举措顺应了国际货币体系要避免对某一主权货币过度依赖的发展方向。

四是进一步发展国内金融市场，完善金融管理制度。当前，国际货币体系的稳定依赖着各国的国内金融稳定。中国只有先保证了国内的金融健康运行，才能谈得上在国际货币体系的稳定中发挥作用。改革开放以来，尤其是 20 世纪 90 年代中期以来，中国金融业在市场化改革和对外开放中不断发展。截至 2009 年末，中国共有银行业金融机构 18.9 万个；106 家证券公司；138 家保险法人公司①。在金融市场上，除了传统的金融工具外，ABS、MBS、CDO 等金融衍生品不断涌现。金融市场参与主体日益多元化，引入了合格的境外机构投资者（QFII）和合格的境内机构投资者（QDII）制度。在管理制度方面，中国已形成了由中国人民银行、三家监管当局和财政部相互协调、密切配合的多层次分业监管模式，外汇管理法制化程度也逐步提高，建立起"科学、合理、有效"的外汇管理法规体系。但是这些只是在金融业和资本项目当前开放水平上取得的成绩，在抵御风险尤其是投机性短期资本方面，中国的金融市场和监管机构仍需根据开放水平的不断提高，不断改进完善。

五、小结

货币自产生之日起，就一直担负着经济社会"血液"的职能。在国际经济贸易往来中，情况也是如此。自人们使用货币进行各种跨国交易开始，国际货币体系就一直存在，并且随着贸易和资本跨国流动的发展，不断作出调整。未来国际货币体系的改革也必须以满足国际经济往来需要为己任。

---

① 数据来源：《2009 中国区域金融运行报告》，中国人民银行货币政策分析小组，2010 年6 月 8 日。

关于国际货币体系改革的讨论很多，方案也不少。但在改革推进方面，先易后难、稳步推进，似乎是更符合现实的选择。推进国际货币体系改革另一个必须要坚守的原则是加强国际合作。在全球化背景下，几乎所有经济体都依赖于国际货币体系的稳定。这成为加强国际合作促进国际货币体系改革的根本立足点。即便在国际货币体系中存在国别层级，但仍无法改变国际货币体系的稳定需要国际社会的共同努力这一事实。

随着经济实力的提升，中国对国际货币体系的影响力在扩大，但不会是颠覆性的影响。总体上，中国的进步意味着国际货币体系的进步。中国的积极参与必将为国际货币体系的未来发展注入新的活力。中国需要保持经济的平稳发展，进一步改革资本项目管理、汇率制度和提升货币可兑换性，继续培育金融市场、提升金融监管效率，积极与国际社会深入开展合作，为构建稳定的国际货币体系作出贡献。

本章执笔：张丽平

第六章

全球经济治理格局的变化与
中国的政策选择

　　国际金融危机极大地改变了世界经济格局。主要发达经济体深陷债务危机的泥沼，未来经济可能会陷入长期低迷，而即使是"百年一遇"的国际金融危机也没有改变新兴经济体保持快速增长这一趋势。随着新兴经济体地位和影响力的上升，其必然会要求对现有的国际经济秩序作出调整，在全球经济治理中发挥更重要的作用。

　　中国作为新兴经济体中重要的一员，不但经济规模大，而且增长速度快，其影响和作用更加受人关注，已经成为许多重大的全球问题的关键因素。如何根据世界经济格局和自身地位的变化，更好地适应和塑造一个良好的外部环境，在国际经济秩序重建中发挥重要作用，是摆在我们面前的一个重要课题。

一、世界经济格局的变化及对全球经济治理的影响

1. 世界经济格局的变化

2008 年国际金融危机终结了持续十多年的世界经济繁荣期。短期内，金融危机的影响仍在发酵，发达国家主权债务危机挥之不去。由于利率已经处于历史最低水平，而主权债务高企使得削减赤字的压力大增，通过货币政策和财政政策刺激增长的空间有限。从长期来看，发达国家人口老化严重，投资意愿匮乏，创新动力不足。展望未来，发达国家集体陷入低迷的可能性较大。

发展中国家增长波动很大。自 20 世纪 70 年代以来，先后有很多发展中经济体陷入各种危机和增长停滞，即使保持长期快速增长的东亚地区也曾受到亚洲金融危机的冲击。因此，在相当长一段时期内，发达国家仍然占据世界经济的主导地位。但这一局面在进入新世纪以后出现了变化。

过去 20 年，世界经济发展的一个重要特点就是新兴经济体的快速增长，即使是国际金融危机也没有改变这一趋势。1991 年按市场汇率计算的新兴经济体和发展中国家占全球 GDP 的份额是 18.8%，2001 年是24%，2010 年进一步上升到 36.8%。尽管占全球经济总量的比重还不到40%，但新兴经济体和发展中国家从 2005 年起，对全球经济增长的贡献率就已经超过 50%，其中 2010 年对全球经济增长的贡献率接近 72%。

新兴经济体在全球贸易中的影响也越来越大。2010 年，新兴经济体和发展中国家占全球出口和进口的比重分别达到 45% 和 41%，比 1990 年分别提高了 21 和 20 个百分点。在国际金融领域，新兴经济体的影响也与

日俱增。2010 年新兴经济体和发展中国家的官方外汇储备为 7.3 万亿美元，比 2001 年增长了 5 倍，占全球比重从 2001 年的 59.3% 提高到 2010 年的 79.2%。

新兴经济体的崛起对于世界经济发展具有重要的意义。迄今为止，除了东亚的日本之外，所有的发达国家均来自于西欧及其衍生国（美国、加拿大、澳大利亚、新西兰）。20 世纪 50 年代以来，很多发展中经济体曾试图赶超发达国家，实现工业化、现代化，但进入 20 世纪 70 年代之后，这些经济体纷纷落入"中等收入陷阱"，经济增长停滞不前，各种危机此起彼伏。在所有的发展中经济体中，只有处于东亚地区的"四小龙"真正通过自身努力实现了经济的快速增长，基本达到或接近发达国家的经济和社会发展水平。但由于"四小龙"数量较少，经济总量不够大，对世界经济并没有产生根本性的影响，发达国家仍然是世界经济的主导力量。

但进入 21 世纪以来新兴经济体的崛起与当年有很大不同。新兴经济体崛起首先是群体性崛起，有大批的发展中国家取得了快速增长。2001 年至 2008 年，有 106 个新兴经济体和发展中国家平均增速高于世界平均水平 1 个百分点，有 73 个新兴经济体和发展中国家平均增速高于世界平均水平 2 个百分点，有 47 个新兴经济体和发展中国家平均增速高于世界平均水平 3 个百分点。

新兴经济体的崛起更表现在新兴大国的崛起。经济总量最大的 10 个新兴经济体占全球经济的比重从 2001 年的 14.1% 上升到 2010 年的 24.2%，上升了 10.1 个百分点，而同期整个新兴经济体和发展中国家的比重提高了 12.8 个百分点。在新世纪的第一个十年，前 10 大新兴经济体对世界经济增长的贡献为 34.6%，相当于同期整个新兴经济体和发展中国家贡献的 68.5%。

新兴经济体群体性的崛起特别是新兴大国的崛起，使得新兴经济体之间相互带动作用不断提升。先发国家和后发国家之间，大国和小国之间，制造业出口国和初级产品出口国之间，形成了相互贸易和投资的良性循环，使得新兴经济体的增长可以不断持续下去。因此，即使我们判断发达经济体陷入长期低迷，新兴经济体仍可以保持较快增长，预计在2020年之前新兴经济体和发展中国家占全球经济（按市场汇率计算）的比重将超过发达国家，成为推动世界经济增长的主要力量。

2. 对全球经济治理的影响

现有的全球治理机制诞生于二战之后。政治安全领域的全球治理是建立在联合国体系的框架之上，而经济领域的全球治理则是建立在所谓的布雷顿森林体系框架之上。现有的全球经济治理是西方主导、大国协调与多边协调并存的局面。

西方主导表现在全球治理机制和规则均由西方国家主导建立。在二战结束之际，以美英为首的西方国家为了吸取二战爆发的教训，维护世界经济的稳定和增长，同时保持自身在国际经济秩序中的主导权，在美国布雷顿森林召开会议，就建立一整套协调国际货币、贸易和发展的规则、机制和组织达成协议，并在战后先后建立了国际货币基金组织、世界银行以及关贸总协定（世界贸易组织的前身）。在这些组织中，不论是在规则制订还是决策权方面，西方国家均居于主导地位。

20世纪50年代和60年代，是有史以来全球经济增长最快的时期，不能不说布雷顿森林体系框架下的全球经济治理机制发挥了重要作用。但到了20世纪70年代，布雷顿森林体系之下的国际货币体系崩溃，之后又爆发了两次石油危机，西方国家经济也普遍陷入"滞胀"。在现有机制无力应对上述挑战的情况下，西方七国集团（G7）应运而生。由于西方主要工业国当时在世界经济中占据举足轻重的地位，许多重大国际问题均在此会议上进行讨论并得到落实。这标志着大国协调应对全球问题机制的出现，与现有的机制一起，构成全球经济治理的重要组成部分。G7后来又邀请俄罗斯正式加入，成为八国集团（G8），之后又邀请中国、印度、巴西、墨西哥、南非这5个发展中大国参会，但总体而言，发展中国家在这一机制中仍处于边缘化地位。

但随着新兴经济体地位的不断上升，特别是国际金融危机爆发后发达国家与新兴经济体之间的力量对比发生变化，新兴经济体必然要对现有全球经济治理产生影响，并要求做出改变。这种影响主要体现在全球经济治理的机制和内容两个方面。

从机制方面来看，现有的全球经济治理机制诞生于二战之后，目的是要解决当时的问题，无法有效解决当今世界出现的新问题，因此需要进行改革，这一点不仅是新兴经济体，在发达国家内部也有共识。现有的全球治理机制没有充分反映当前新兴经济体崛起这一重要变化，缺乏代表性。发达国家固然想继续"越俎代庖"，但新兴经济体和发展中国家不会同意。随着新兴经济体影响力与日俱增，许多重大问题没有新兴经济体参与根本无法得到有效解决，因此必须让新兴经济体参与，对此发达经济体也不得不接受这一现实。2008年国际金融危机之后，二十国集团（G20）取代八国集团成为全球经济治理的首要对话平台，标志着全球经济治理由西方国家主导向发达国家与新兴经济体共同协商的转变。而新兴经济体在国际货币基金组织以及世界银行中的投票权也得到一定程度的提升。在世界贸易组织中非正式的核心集团——由四个发达经济体组成的"四方集团"，也逐渐扩展到包括了三个新兴大国在内的"七方集团"。

但是，由于新兴经济体数目众多，在发展水平、产业结构、经济规模上存在差异，在很多重大问题上都有不同的诉求和利益，影响了新兴经济体形成合力改变全球经济治理的能力。在气候变化问题和世贸组织多哈回合谈判上，新兴经济体和发展中国家分化成多种组合，就是这种利益多元化的表现。相比之下，发达经济体产业结构和发展水平接近，虽然在一些经济问题上也有不同立场，但总体上立场的差异要小于新兴经济体内部。更重要的是，发达经济体政治体制和意识形态高度一致，在政治、安全领域的合作和立场的趋同要远远高于新兴经济体，经济领域的分歧可以通过政治、安全领域的合作或利益交换来化解，这一点是新兴经济体难以做到的。

换句话说，由于缺乏代表性，继续由发达国家主导全球经济治理显然是不合理、不公正的，但新兴经济体如果不能形成合力，反而会降低全球经济治理决策机制的效率。这也是重大全球性问题迟迟不能取得进展的一个重要原因。

而且，西方国家也不会坐视自身在全球经济治理和国际经济秩序中主导地位的丧失。相反，西方国家在世界经济中地位下滑得越快，他们的危机意识也越强，越会想方设法挽回这一局面。首先，他们会加强彼此立场的协调和合作，力争形成统一的力量应对新兴经济体的崛起。其次，他们会充分利用在规则制定和话语权方面的优势，或是为新兴经济体的崛起制造障碍，或是将新兴经济体的崛起纳入西方的轨道。第三，西方国家会综合运用目前经济、政治、外交、文化、科技等方面的优势，分化新兴经济体和发展中国家，让新兴经济体无法形成合力挑战其主导地位。

从全球经济治理的内容来看，过去在西方的主导下，更多的是主张以新自由主义学说为理论依据的"华盛顿共识"，即强调经济自由化、市场化，贸易、投资和金融全球化。而新兴经济体的崛起必然要求全球经济治理在内容上更多地反映他们的诉求。

新兴经济体有别于发达国家的诉求主要表现在两个方面。一是强调发展优先。多数新兴经济体和发展中国家仍处于中低收入水平，实现经济发展的任务十分艰巨，在相当长时期内发展都是第一要务，有利于经济发展的政策会得到新兴经济体的支持，而可能会与经济发展产生冲突的政策目标将会被置于次要地位，这一点在气候变化问题上表现得比较明显，也是新兴大国和发达国家之间的一个矛盾所在。

二是要求对现有的国际经济秩序特别是国际货币金融体系进行改革。20世纪70年代以来，各种金融危机此起彼伏，这与不合理的国际货币金融体系密切相关。发展中国家曾饱受外部冲击和金融危机之苦，但屡次要求改革国际货币金融体系未果。这次的金融危机爆发在发达国家，改革的呼声也越来越高。因此，这是一个可以凝聚新兴经济体共识，并可以团结部分发达国家的议题。但由于这个问题涉及许多国家的根本利益，特别是短期内没有更好的替代物，现行的国际货币金融体系可能还会维持下去。换句话说，虽然新兴经济体在这个问题上可以占据道义制高点，但却很难取得实质性进展。

但在贸易投资自由化领域，由于新兴经济体情况差异较大，再加上更加相信政府对经济的干预能力，对参与经济全球化态度相对谨慎，协调彼此间的利益难度较大。在这个问题上，新兴经济体不但不会形成合力，反而容易被西方国家分化瓦解。

二、中国在全球经济治理中面临的机遇和挑战

1. 中国在全球经济治理中面临的机遇

（1）综合国力的上升，奠定了中国参与全球经济治理的物质基础。

经过多年的高速增长，中国已经成为世界第二大经济体，第一大货物贸易国，第一大外汇储备国，连续多年成为吸收外商直接投资最多的国家之一，并迅速成长为主要的对外投资国。2001 年至 2010 年，中国占全球经济的比重从 4.1% 上升到 9.3%，提升了 5.2 个百分点，而所有其他新兴经济体和发展中国家加在一起才提升了 7.6 个百分点。从 2007 年起，中国就已经成为对世界经济增长贡献最大的国家。中国的快速增长，成为拉动其他新兴经济体和发展中国家特别是能源和资源出口国经济增长的重要因素。

尽管由于人口结构、产业结构以及发展方式的转变，中国未来的经济增速可能会逐步放缓。但由于工业化、城市化进程还远未结束，在未来相当长一段时期内，中国仍有望保持 7% 以上的实际增长速度。再考虑到人民币汇率升值的因素，中国在 2030 年以前成为世界第一大经济体是完全可以预期的。因此，所谓的新兴经济体崛起，在很大程度上就是中国的崛起。其他的新兴经济体要么经济规模比中国小很多，要么增长速度比中国慢，要么起点比中国低，因此对世界经济的影响还远远不能和中国相比。

综合国力的上升，为中国参与全球经济治理奠定了坚实的物质基础。要想在全球治理中发挥重要作用，必须有坚强的实力作后盾。美国历史学家保罗·肯尼迪在《大国兴衰》一书中总结道：一个国家的经济和生产能力与该国在国际体系中的地位存在明显的因果关系。美国之所以能够主导二战后的国际经济秩序，根本原因还是在于其绝对实力的强大。中国目前在全球经济增长、贸易、投资和金融领域都占据了举足轻重的地位，任何重大的全球经济治理议题没有中国的参与都难以得到妥善有效的解决。只要中国主观上愿意，完全可以在全球经济治理中发挥更重要的作用。

（2）西方实力的衰落有助于中国扩大国际影响。在中国经济快速发展的同时，发达国家受到金融危机的重创，实力受到很大削弱，其经济表现不佳、债务问题沉重、社会矛盾日益激化。在这种情况下，发达国家关注的焦点更多的是在国内，在国际事务上越来越力不从心。例如，美国因为财政捉襟见肘，已经终止了航天飞机计划，并准备大幅削减国防开支。美国等发达国家过去曾长期通过对外援助等手段干预发展中国家内政，实现其政治和外交意图，但受金融危机的影响，目前在对外援助和对外宣传方面的投入大幅下降，美国政府高官已经屡次表示在争夺全球影响力方面，美国正在输给中国。在2011年20国集团峰会上，发达国家本来想把全球失衡作为主要议题来压迫人民币升值，但由于欧债危机愈演愈烈，最后欧债问题成为峰会的主要焦点，而全球失衡几乎无人触及。

对于不合理的国际经济秩序，过去发展中国家曾深受其害，长期呼吁改革而未果。在这次金融危机中，发达国家成为主要的受害者，因此对改革的态度也更加积极。历史经验表明，每一次重大的危机和历史事件都有可能成为国际秩序调整的契机，后发国家可以充分利用这一机遇实现自身国际地位的快速提升。中国的发展势不可挡，西方国家固然想遏制，但力有未逮，不得不开始适应中国的崛起。这些都为中国在全球经济治理中发挥更重要的作用创造了更大的空间。

2. 中国参与全球经济治理面临的挑战

（1）中国逐渐成为"众矢之的"。中国参与全球经济治理面临的机遇和其他新兴经济体是一样的。但由于其独特性，中国参与的实力和能力更强，其他国家对中国参与的期望也更高。但也正因为如此，如果中国参与的程度或是表现达不到其他国家的要求，期望就会变成失望，甚至转化成为舆论上的谴责和行动上的压力。

正是由于大而快地增长，中国已经成为诸多全球问题的"靶子"，而这一位置原来经常是美国的。全球失衡一开始针对的是美国，但由于美国成功地转移视线，再加上中国近年来积累了大量的外汇储备，和世界上大多数国家都是贸易顺差，全球失衡问题已经愈来愈针对中国。在气候变化问题中，美国等西方国家也把新兴大国参与强制减排作为自身减排的先决条件。但其他新兴大国面临的压力要远远小于中国。

由于规模大且增长快，对西方主导的国际经济秩序形成最现实挑战的也只有中国，因此西方在应对新兴经济体崛起时会特别针对中国。西方提出"中国威胁论"，把中国的发展看成是对其他国家的威胁，如指责中国大量排放温室气体造成全球变暖，人为压低人民币汇率导致全球失衡进而引发了国际金融危机，在非洲投资是搞新殖民主义等等。或者承认中国有发展权，但是应该按照西方的规则办事，承担一定的国际义务，这就是所谓的"中国责任论"。比如说，像发达国家一样对温室气体进行强制减排，让汇率大幅升值以平衡全球经济等等；如果中国不这么做，中国就不是一个"负责任的大国"。应该说，西方的这些观点在国际上包括在一些发展中国家还是有一定市场的。比如说，在气候变化问题上，由发展中国家组成的小岛国联盟就认为中国做得不够。在汇率问题上，也有许多发展中国家包括一些新兴大国要求人民币升值。

一个不可回避的问题是，中国在社会制度、政治体制和意识形态方面和西方迥异。即使中国的崛起可能在经济上会给西方带来一定的好处，但西方国家也必然要考虑中国在政治安全领域可能对其带来的挑战，不管这种挑战是现实的还是仅存在于西方的潜意识里。而且，在部分新兴经济体中，同样存在中国崛起是威胁的认识。中国开展与其他国家的对外经济关系，必然要受到经济之外因素的制约。西方国家在政治、军事、文化、科技等方面的优势依然明显，对很多新兴经济体和发展中国家仍然很有吸引力。即使西方国家经济上的影响力在下降，也可以通过在非经济领域利益的输送来换取其他国家在一些重要经济问题上的支持。在这些方面，中国并不占据优势。

随着经济的快速发展，中国在很多重大问题上的利益诉求也有自己的独特性，与其他新兴经济体和发展中国家并不完全一致。在冷战时期，反对帝国主义、反对霸权主义、维护主权独立是绝大多数发展中国家的根本诉求，因此很容易团结。冷战之后，虽然发展经济是所有发展中国家的共同愿望，但由于在资源禀赋、技术条件、发展阶段等诸多方面的不同，国与国之间又存在错综复杂的竞争与合作关系，中国与很多发展中国家都存在利益分歧。比如说，中国作为最大的贸易国和迅速崛起的对外投资国，当然希望保持全球贸易和投资的自由化，但很多发展中国家则希望保护国内制造业和资源产业。再比如说，中国要保持工业化和城市化快速发展，碳排放必然会继续上升，但对于很多小岛国而言，这是关乎生死存亡的问题。西方国家之所以能分化新兴经济体和发展中国家，根本原因还是新兴经济体和发展中国家内部的利益诉求出现了分化。

（2）战略机遇更加难以把握。在世纪之交，中央审时度势，提出新世纪的前20年是我国发展的战略机遇期。从第一个十年的历程来看，这一判断是完全正确的。西方国家对华政策以合作为主流，一是因为反恐战争牵扯了发达国家的精力，二是对中国的崛起及其影响还看不清，三是因为自身经济发展也不错，心态还比较平和。我国也充分利用这一机遇实现了快速发展。在2008年国际金融危机之后，以美国为首的西方国家态度发生了明显的变化。由于实力此消彼长，中国崛起的势头更加明显，已经开始挑战西方国家在国际经济中的主导地位。西方国家自身问题很多，需要转嫁矛盾和转移视线。因此，他们开始加强对中国进行围堵和遏制，对抗的因素将大大增加。

虽然我们前面分析认为，西方国家参与国际事务的能力在下降，但如果他们把有限的资源更加集中到对付中国身上，中国面临的国际压力反而会有所增强。美国奥巴马政府上台以后，尽管面临金融危机的严峻挑战和反恐战争的烂摊子，仍然高调提出"重返亚洲"。过去两年在中国周边地区多次挑起事端，并大力推进排除中国在外的"跨太平洋伙伴协定"（TPP），使得过去10年中国苦心经营的东亚区域合作的良好氛围受到严重破坏。

正如新兴经济体的崛起很大程度上就是中国的崛起，西方国家对中国的遏制也主要表现在美国对中国的遏制。美国长期主导世界经济秩序，在冷战结束后更是成为唯一的超级大国。而中国的崛起特别是在2010年成为世界第二大经济体，使得中国成为当前唯一有可能挑战美国霸主地位的国家。已经有学者把美国和中国当前的关系比喻为第一次世界大战前的英德关系。当时德国的崛起威胁到了英国的霸主地位，由于两者之间缺乏互信，最终导致了两次世界大战。如果历史重演，不仅是中美两国的悲剧，也是全世界的悲剧。中国能否实现和平发展，在很大程度上将取决于中美关系的未来走向。

（3）中国参与全球经济治理准备不足。机遇只青睐有准备者。在很大程度上，或是因为认识上的误区，或是因为能力上的欠缺，我们并没有对国际形势的变化做好准备。过去一段时期，我们在对外开放和积极参与经济全球化方面进展缓慢，使我们一度形成的主动权逐步丧失。在多边贸易自由化领域，我们一直都扮演"搭便车"的角色，很少积极作为。过去西方国家也倡导自由贸易，而且中国体量还没那么大，便车还可以搭一搭。问题是现在西方已经转向贸易保护主义，中国作为全球最大的货物出口国，如果继续搭下去，很可能被带到"沟里"。

在区域贸易安排方面，我们往往会因为担心局部利益甚至是个别企业的利益受损，而无法与重要贸易伙伴建立自由贸易关系，严重影响了中国构建良好外部经贸环境的进程。例如，在东亚区域合作方面，开始的模式是"10＋1"（东盟加中国），之后变成"10＋3"（东盟加中日韩），在日本的干扰下又搞出个"10＋6"（10＋3加印澳新），现在美国又搞了 TPP。中国在东亚区域合作中的作用逐步被削弱，面临被边缘化的危险。

美国学者克莱因曾经将一个国家的实力用下列公式表达：

国家实力＝［（人口＋领土）＋经济能力＋军事能力］×（战略意图＋贯彻国家战略的意志）

按照这个公式，我们即使有再多的人口和土地，有不断提升的经济和军事实力，但如果我们没有明确的战略意图和贯彻国家战略的意志，那我们的国家实力还是等于零，我们在全球中的地位很可能也会排在很多总量比我们小的经济体之后。未来十年，如果我们再不下决心去积极主动地维护和争取自身利益，战略机遇完全有可能转化为战略挑战。

三、中国参与全球经济治理的政策选择

1. 准确判断国际地位，树立正确心态

在全球治理中，中国是一个主要的利益攸关者，因此必然要成为一个重要的参与者。中国是世界第二大经济体、第一大货物贸易国、第一大外汇储备国、最主要的对外直接投资国和吸收外商直接投资目的地之一，每年有几千万的中国公民到国外旅行和从事商务活动，任何重大的

全球经济事务都和中国有关，没有中国的参与都无法得到有效解决，因此中国显然是全球经济治理的一个主要的利益攸关者。正因为中国经济与世界深度融合，中国的国家利益早已延伸到海外，特别是中国作为一个大国，不可能让别人来决定自己的命运。因此，中国也必然是全球经济治理的一个重要而且积极的参与者。

积极参与全球治理，中国需要树立正确的心态。

一是要树立强者心态。过去我们一直有一种弱者心态，即认为自身实力很弱，对国际事务没影响，因此不愿意有所作为。自从金融危机爆发后，力量对比发生了对我有利的变化，这种心态已经比较少见。中国已成为全球第二大经济体、第一大贸易国、第一大外汇储备国、许多初级产品的最大买家，许多重大问题没有中国参与根本无法解决。因此，中国参与全球治理不应该有弱者心态，而应该以强者面目出现。

二是要树立受益者心态。过去我们还有一种受害者心态，即认为国际秩序由发达国家主导，其规则必然对发达国家有利，对中国不利。发达国家总是处心积虑地要对付中国，一些新出台的规则也要防范和反对。这样的话，中国容易扮演一个破坏者的角色，而不是一个建设性的角色。西方国家提出的有些问题是针对中国，甚至是伪命题，为了维护自身的利益，中国当然该反对就反对。但实际上，中国是过去一段时期经济全球化最大的受益者之一。那么中国作为一个受益者应该怎样表现？第一是维护现有规则；第二是提供全球公共品，回馈国际社会；第三是提出正确的问题，并加以解决。总而言之，是发挥建设性作用。

三是树立新兴大国的自信心态，摆脱过去那种追随者心态，即总是跟在别人后面、较少发挥主动作用的心态。由于中国的特殊性，中国应该采取更加主动的行动。这是因为，中国的利益早已延伸到境外，中国不能坐等别的国家来决定自己的命运。而且，中国在很多问题上成为众矢之的，中国也必须采取积极行动改变这一局面。同时，中国的国际地位和影响力在不断上升，主动改变外部环境的能力也在上升。

作为一个重要的参与者，中国应该增强在全球治理中主动提出建设性倡议的能力。在诸多国际重大问题陷入僵局的时候，我们可以作倡议者、发起者、组织者、先行者。比如说，世贸组织多哈回合谈判多年未取得进展不符合中国作为全球第一大出口国的利益。我们可以在谈判中单方面、主动地作出较大幅度的让步，推动多哈回合早日完成。当然，如果其他国家不跟进，不作出相应的回应，这些让步我们也可以收回，但中国负责任的大国形象已经树立，谈判即使破裂责任也不在我。

2. 团结新兴大国，应对西方分化

随着经济影响力的提高，总体而言，新兴经济体在全球经济治理中的地位确实是上升了。比如说，G20虽说是一个对话平台，但一开始是为了帮助主要新兴经济体避免金融危机而由发达国家倡议的，现在则确实变成了一个发达经济体和新兴经济体成员就全球主要经济议题平等对话的机制。但是，由于发达经济体团结而新兴经济体诉求分散，特别是由于中国的特殊性，很多新兴经济体采取袖手旁观或是搭便车的态度，使得中国独自面对很多压力，新兴经济体存在各自为战并被各个击破的风险，自身利益将难以得到充分保障。

因此，中国应该团结新兴大国，与之加强沟通、加强协调、加强合作。这样做有几个好处。一是以一个整体、团结的面目出现，可以有效地维护集体利益，避免被西方分化瓦解。二是新兴经济体内部协调好之后，再和发达国家进行沟通协调，效率也会更高，更容易凝聚共识，更有利于一些全球重大问题的解决。

在这样的思路下，金砖国家会议就是一个非常好的、协调主要新兴

大国立场的机制。首先，金砖国家囊括了五个几乎是最大的新兴经济体，这五个国家代表了不同地区，有巨大的经济影响力；其次，这五个国家均处于工业化、城市化进程中，是比较典型的新兴经济体，在新兴经济体中有很强的代表性；第三，这五个国家都奉行独立自主的外交政策，在很多重大问题上和西方国家有不同立场，可以在很大程度上代表新兴经济体和广大发展中国家的利益，同时五个国家内部协调起来也相对容易；最后，金砖国家机制不仅讨论经济议题，也讨论政治议题，从这个角度来说，该机制与七国集团类似，不仅可以协调成员国在 G20 中的立场，也可以协调在经济领域以外的一些重大问题上的立场。

金砖国家最重要的是建立了新兴大国彼此之间政策协调的政策机制，使得新兴国家可以以一个统一的面目出现，进一步提升自身话语权，维护自身权益，避免被发达国家分化和各个击破。到目前为止，已经发挥了重要作用。2010 年金砖国家峰会在 G20 峰会前举行，金砖国家要求 G20 尽快提升新兴国家在国际金融机构的份额，之后在 G20 峰会上得到落实。2011 年，金砖国家吸纳南非加入，代表性和影响力进一步提升。在 G20 机制化建设没有取得实质性进展之前，东道国对议程设置影响很大，成员国之间缺乏协调，因此新兴国家通过金砖国家机制进行协调十分必要。下一步，金砖国家应该加强自身机制化建设，扩大关注的领域，尽快取得更多实质性成果。扩大成员可以暂告一段落，目前的工作应该以巩固和扩大现有合作成果为主。未来可以考虑逐步扩大成员，以进一步提升代表性和影响力。但扩大成员必须慎重，必须是真正奉行独立自主外交政策，有足够代表性和影响力的成员才能吸纳。

对于中国而言，G20 和金砖国家机制都应该力推。G20 是全球经济治理的首要平台，而且是发达国家和新兴国家平等对话的机制，中国和其他新兴经济体可以发挥重要作用。但正如前面所分析，新兴经济体本身需要一个协调机制，以便形成合力，维护自身利益。而且，G20 不讨论政治问题，在非经济领域新兴大国同样需要协调。因此金砖国家机制对于中国同样重要。

3. 主动开放市场，共享发展机遇

主要是基于中国自身的努力，也部分得益于良好的外部环境，中国成为过去 30 年世界上经济发展最成功的国家之一，而且为世界其他国家和地区的发展带来了机遇。未来，中国要想为和平发展塑造一个更加良好的外部环境，要想将"中国威胁论"转化为"中国机遇论"，需要更加主动地让全世界分享中国发展带来的机遇。具体的做法包括如下方面。

通过关税减让等方式向其他国家进一步开放市场。例如，我们已经单方面地对非洲的许多最不发达国家的产品实施零关税待遇，未来可以建立中国的普惠制，将优惠关税待遇进一步扩大到多数发展中国家。对发达国家要求中国开放市场的需求我们也要充分予以考虑。例如，降低奢侈品关税不仅仅是为了降低国内相关产品的价格，它实际上可以让发达国家直接受益，改善中国与发达国家的经贸关系。

加快推进自由贸易区战略，稳固地区和双边关系。建立自由贸易关系不仅仅会带来经济方面的收益，更重要的是通过经济一体化，可以稳固相关国家和地区在更广泛层面的合作关系。未来，我们仍然要大力推进自由贸易区进程，尽快促成已经启动的自由贸易区谈判的顺利完成，在一些对方关切的经济领域作出适当让步，换取对方在其他层面上对我支持，同时反击西方国家对我周边发展中国家的分化瓦解。

进一步扩大对外援助。对外援助一直是我国对外关系的重要组成部分，这个工具用好了可以有力地支援我国外交工作的开展。特别是当前西方国家深陷债务危机，在对外援助方面已经力不从心，正是我们通过

对外援助扩大国际影响的良机。具体的做法上，我们不仅要扩大援助的金额，也要扩大援助的范围，创新援助的形式，除了资金援助，还要重视技术、项目、人力资本的援助。

4. 提升国家软实力，做好对外宣传

总体而言，中国在经济等硬实力方面的建设取得了很大成就，但在软实力建设方面的差距还比较大。软实力如果运用得好，可以在很大程度上改善一个国家的外部环境，提升其国际地位。软实力概念提出者约瑟夫·奈最近再度提出：未来世界的赢家不仅是看谁的 GDP 高，还要看谁会"讲故事"。这实际上是一个话语权和对外宣传的问题。

中国在提升软实力方面有很好的基础和资源。在历史上，作为一个五千年的文明古国，中国为世界和人类发展作出了重要贡献；在今天，作为世界上最大的发展中国家和市场转轨国家，中国在短短几十年内取得了辉煌的建设成就，探索出了一条独特的发展道路。但由于我们不会"讲故事"，中国的发展被外界渲染成威胁，被视为是另类，是国际秩序的挑战者甚至是破坏者。下一步，我们要大力加强软实力建设，讲好"中国人的故事"。具体做法包括以下方面。

加大对社会科学领域特别是国际问题领域的研究投入，加强相关问题的理论储备，对重大的国际经济问题如气候变化、国际货币体系改革、多哈回合谈判等提出中国版的解决方案和中国自身的行动方案。

改对外宣传为对外公关，实施中国国家形象公关战略，用外国人听得懂的语言、能够接受的方式，介绍中国的历史、文化、发展道路、取得的成就、对世界的贡献、对未来世界和人类发展的思考等等。

大力加强社会科学特别是国际问题领域的人才培养和引进工作，在各行各业培养和引进一大批具有国际视野、具备开展国际交流合作能力

的专业人才，形成一批在国际问题领域具有全球影响力的理论家和活动家。

大力开展相关领域的国际交流合作，资助国外主流研究机构研究中国提出的理论和政策。

扩大文化产品和服务出口，推动中华文化走出去。

本章执笔：方　晋

参考文献
References

［1］Allianz Global Investors（2011）

［2］Conference Board：The Conference Board Global Economic Outlook，November 2011

［3］Economist Intelligence Unit（EIU）：World economy：EIU forecast – Downgrading the euro zone and the US，October 20th 2011

［4］EIA：《International Energy Outlook（2011）》

［5］IEA：《World Energy Outlook（2011）》

［6］IMF：《World Economic Outlook（2009）》

［7］IMF：World Economic Outlook（Sept. 2011）

［8］Lawrence H. Summers，*The U. S. Current Account Deficit and the Global Economy*，http：// www. sais – jhu. edu/bin/c/m/R_ Summers_ USCAdeficit_ 2004. pdf

［9］Michael Dooley，David Folkerts – Landau，Pater Garber，徐涛译，赵英军、侯绍泽校. 复活的布雷顿森林体系与国际金融秩序——亚洲·利率·美元. 北京：中国金融出版社，2010

［10］OECD：《OECD 2030 年环境展望》

［11］UNCTAD：《World Investment Report》

［12］World Bank：《Global Development Horizons 2011》

［13］World Bank：《Global Economic Prospect（2007）》

［14］巴里·艾肯格林著，彭兴韵译. 资本全球化：国际货币体系史. 上海：上海人民出版社，2009

［15］威廉·恩道尔著，赵刚、旷野等译，欧阳武校译. 石油战争. 北京：知识产权出版社，2008

［16］国家统计局．中国统计年鉴

［17］麦肯锡全球研究院（MGI）："Promoting energy efficiency in the developing world"，《麦肯锡季刊》，2009 年 4 月

［18］蒙代尔著，向松祚译，张之骧校．国际货币：过去、现在和未来（蒙代尔经济学文集第六卷）．北京：中国金融出版社，2003

［19］迈克尔·梅尔文著，范立夫、马妍译．国际货币与金融．大连：东北财经大学出版社，2003

［20］约瑟夫·E·斯蒂格利茨著，江舒译．斯蒂格利茨报告：后危机时代的国际货币与金融体系改革．北京：新华出版社，2011

［21］商务部．中国对外投资统计公报